Allitera Verlag

Jahrbuch 2012

der Oskar Maria Graf-Gesellschaft

Herausgegeben von Ulrich Dittmann
und Hans Dollinger

Allitera Verlag

Weitere Informationen über den Verlag und sein Programm unter
www.allitera.de

Juli 2012
Allitera Verlag
Ein Verlag der Buch&media GmbH, München
© 2012 Buch&media GmbH, München
Umschlaggestaltung: Kay Fretwurst, Freienbrink
Herstellung: Books on Demand GmbH, Norderstedt
Printed in Germany · ISBN 978-3-86906-306-5
ISSN 0946-3623

Inhalt

Vorwort 7

ULRICH DITTMANN
Ein neu aufgefundener Brief, den Oskar Maria Graf am
17. Juli 1960 in München schrieb 9

GERHARD BAUER
Kriegsverletzungen im Erzählfluss von Oskar Maria Graf .. 16

ULRICH DITTMANN
Oskar Maria Grafs Appell »Verbrennt mich!«
im Kontext seiner Zeit 39

WALDEMAR FROMM
»Dieses Siegen war stets ein unbegriffenes Unterliegen«
Bemerkungen zu Oskar Maria Graf, dem »Provinzschriftsteller«, den Goldenen Zwanziger Jahren und
der Kunststadtdebatte 54

ULRICH KAUFMANN
»War je ein Bäcker ein wirklicher Schriftsteller geworden?«
Erwin Strittmatters Interesse an Oskar Maria Graf 74

HANS DOLLINGER
Der Pflege seines Werkes verpflichtet 92

HELMUT F. PFANNER
In Oskars Bett an der Hillside Avenue 97

Vorwort

Dies ist das zehnte Oskar Maria Graf-Jahrbuch, es erscheint im zwanzigsten Jahr der Gesellschaft. Blickt man auf die Jahrbuch-Reihe zurück, die vor einem Jahrzehnt durch das Mitglieder-Journal ergänzt wurde und zu der seit 2009 in der »edition monacensia« Neudrucke früher Erzählsammlungen hinzukamen, darf man in aller Bescheidenheit einen eindrucksvoll-kontinuierlichen Zuwachs an Oskar Maria Graf-Literatur feststellen. Dass dieser möglich wurde, verdanken wir der Treue und dem Wohlwollen der Mitglieder, die in vielen Fällen mit uns die zwei Jahrzehnte überdauerten und die Gesellschaft trugen.

Wir bedanken uns für das anhaltende Interesse mit diesem Jahrbuch, einer Sammlung gewichtiger Beiträge, die in traditioneller Weise angeordnet sind.

Als neu aufgefundenes Dokument zeigt ein aufschlussreicher Brief Grafs Leidenschaft für lyrische Gedichte. Anschließend beleuchten drei umfangreiche Interpretationen Einzelaspekte von Grafs Werk beziehungsweise heben diese erst ans Licht.

Gerhard Bauer geht von dem Generationserlebnis des Krieges aus und untersucht umfassend die Spuren, die es im Werk des Pazifisten Graf hinterlassen hat.

Ulrich Dittmann stellt Oskar Maria Grafs »meistgelesenen Text«, den Appell »Verbrennt mich!«, in seine literarischen Kontexte und versucht anhand der Wahrnehmung der Zeitgenossen das besondere Niveau seiner Rhetorik zu beschreiben.

Waldemar Fromm situiert Oskar Maria Graf in den kulturpolitischen Zusammenhängen Münchens während der zwanziger Jahre, vor allem in dem von drohenden NS-Tendenzen geprägten Streit um die »Kunststadt München«.

Während die beiden letzten Beiträge im Kontext von Vorarbeiten für das Münchner Dokumentationszentrum entstanden sind, haben wir Gerhard Bauer für einen auf unsere Bitte hin geschriebenen Aufsatz zu danken.

Gleiches gilt von der Abhandlung Ulrich Kaufmanns, der einmal mehr den Beziehungen Grafs zu DDR-Autoren nachgeht und anhand der Darstellung zweier Bäcker-Schriftsteller auch des hundertsten Geburtstags von Erwin Strittmatter gedenkt.

Zwei Graf-Kenner der ersten Stunde blicken in den beiden letzten Beiträgen des Jahrbuchs zurück: Hans Dollinger – »dem Einen«, wie Oskar Maria Graf ihn in einer Widmung nannte – verdanken wir den Rückblick auf die Anfänge der Gesellschaft, die er mit begründete, an deren Vorstandstreffen er viele Jahre lang teilnahm und die er protokolliert hat.

Helmut F. Pfanner, ohne dessen umfängliche Oskar Maria Graf-Bibliographie ein Arbeiten über unseren Patron unvorstellbar ist, liefert ein ganz persönliches Zeugnis, wie ein Vorarlberger über das Exil in den USA seinen Weg zu Graf fand.

München, im März 2012　　　　　　　　　Die Herausgeber

Ulrich Dittmann
Ein neu aufgefundener Brief, den Oskar Maria Graf am 17. Juli 1960 in München schrieb

Bei einer Berlin-Reise wurden mir in dem sehr besuchenswerten »Roten Antiquariat« (Filialen in der Knesebeck- und Rungestraße) zwei Graf-Briefe angeboten, von denen die Leser einen kennenlernen sollen. Er ist unveröffentlicht und sein Inhalt hat besonderes Gewicht!

Solche Funde können einem Oskar Maria Graf-Sammler auf Wochen die Stimmung heben, auch wenn sie keineswegs extrem selten sind; mittlerweile machen sich die Kinder von Briefpartnern Grafs Gedanken um ihren Nachlass. So konnten wir vor kurzer Zeit eine umfänglichere Korrespondenz mit Fotos und Widmungsexemplaren der Monacensia zum Ankauf vermitteln: Schon der Adressat, Franz Müller, ein Freund Grafs seit den dreißiger Jahren, der zehn Jahre in Dachau und Buchenwald überlebte und später der VVN in München vorstand, verdient jede Beachtung. Seine Tochter hat uns Anfang des Jahres gemailt, sie wolle die (z. T. schon veröffentlichten) Autographen an einem geeigneten Ort wissen. Und wir sind nun sehr glücklich über diese Bereicherung des Oskar Maria Graf-Teilnachlasses im Münchner Literaturarchiv, wo man ja auch schon ein kleines Depositum der Oskar Maria Graf-Gesellschaft aufbewahrt!

Bei dem von mir erworbenen, hier faksimilierten Brief liegen die Dinge anders: Er fällt in die fast sechsmonatige Datenlücke zwischen 1. Juni und 18. November 1960 in dem von Gerhard Bauer und Helmut Pfanner 1984 herausgegebenen Briefband und gilt vor allem zwei Gedichten, die – sichtlich an Gespräche anknüpfend – einem Juristen, Professor an der Freien Universität Berlin, mitgeteilt werden.

17.Juli 60

Liebe Freunde Beckers!

MÜNCHEN 2 ARNULFSTRASSE 2
Fernruf: 558321

      Das ist ein Hotel wie keins,jeden Tag vom 10. Stock,wo mein Zimmer liegt,Rundblick über München und im 15. Stock Frühstück etc mit Blick bis zu den Alpen.Hilton ist nichts dagegen.
      Flug durch zwei Gewitter war bissl schauklig aber sehr nett.Hier also das Gedicht von Bruno Frank Den Titel weiss ich nicht,aber er steht,glaube ich, in der Rowohlt Ausgabe seiner ausgewählten Werke.

    Und ob er graue Boden kreist,
    und Steg und Zaun und Brücke bricht,
    und alle Hallen stehn verweist,
    Du sing dein Lied und bange nicht!

    Die Stunde geht,der Schrei verweht,
    der Hammer fällt ins Zeitgericht,
    jedoch das Menschenherz besteht
    und Erdenjahr und Himmelslicht.

    Und keinem wird es Schande sein,
    der einst zu seinem Frager spricht:
    Ich sah in Nacht und Tod hinein
    und sang mein Lied und bangte nicht.

Ich habe nach New York geschrieben,dass Dir mein Gedichtbändchen "Der Ewige Kalender" geschickt wird und hoffe,er missfällt Dir nicht zu sehr.Die Vorlesung in der Akademie war sehr zwiespältig und lange nicht so schön wie bei Euch,auch erregte meine Heideggerkritik bei den Akademieleuten (nicht bei allen) grosse Schockierung und Ablehnung,da Heidegger dort Halbgott ist und Mitglied!!!
Na gut.Obiges Hotel ist bis zum 30. meine Adresse,vielleicht hör ich ein bissl was.Herzlich wie immer Euer

Bitte wenden!

Das ist ein Verslein von mir, unveröffentlicht, das ich vor zirka 30 Jahren in München schrieb, Du kannsts ruhig abdrucken, wenns Dir zusagt, Walter.

Die Ersten.

In der Tiefe sind wir laut geworden
und die Tiefe macht uns stumm.
Jahre gibt es, die von uns nichts wissen,
doch den Zeiten weisen wir den Weg.
Wenn wir unsre Fahnen blutig hissen,
bist du, Menschheit, unser Ziel und Golgatha zu-
                                           gleich.
Denn die ersten Sieger aus der Not
ernten ständiglich den Tod,
und die Enter essen ihrer Aecker Brot.

Ich fands eben in dem Wust Papier, den ich mitnahm.

Der Adressat

Der Adressat taucht bisher weder in der Korrespondenz noch in Biographien auf; es war auch nicht leicht, Daten zu Professor Walter Gustav Becker (1905–1985) zu finden. An der Freien Universität lehrte er ab 1951, ab 1952 als ordentlicher Professor für bürgerliches Recht und Rechtsphilosophie. Ein weiteres Spezialgebiet war anglo-amerikanisches Privatrecht; über sein Amerika-Interesse mag sich eine Verbindung zum New Yorker Stammtisch ergeben haben, wo er Oskar Maria Graf kennengelernt haben soll. Nach einer weiteren privaten Mitteilung fiel er in Berlin dadurch auf, dass er zu seinen Vorlesungen geritten kam. Das Internet verzeichnet zu seinem Namen, dass er 1944 als Stabsrichter die Klage gegen einen der »Wehrkraftzersetzung« angeklagten Dichter abwenden konnte.[1] Von seinen Veröffentlichungen erscheint »Der Tatbestand der Lüge: Ein Beitrag zur Abstimmung von Recht und Ethik« (1948) von besonderem Interesse – stellte doch Oskar Maria Graf ins Zentrum seines Buchs *Der harte Handel* einen Bauern, der geltendes Recht geschickt, wenn auch in moralisch fragwürdiger Weise ausnützen kann. Gab es verbindende Fachinteressen? Jedenfalls zeugt der Kontakt zu einem als hoch anspruchsvoll geltenden Wissenschaftler von Oskar Maria Grafs Interessen und auch einem Niveau weit über dem eines »Provinzschriftstellers«.

Die Situation

Oskar Maria Graf schreibt auf seiner zweiten Europa-Reise (6.6.–10.10.1960) aus dem Münchner Hotel Deutscher Kaiser am Hauptbahnhof (heute NH-Hotel). Zuvor war er in West-Berlin; am 18. Juni weihte man dort die neuen Gebäude der Akademie der Künste am Hanseatenweg ein. Dieser Akademie gehörte Oskar Maria Graf seit 1956 als ordentliches Mitglied (trotz Wohnort New York) an.[2] Im Rahmen des Festprogramms

---

[1] Vgl. Wolfdietrich von Kloeden: *Siegbert Stehmann*. In: *Biographisch-Bibliographisches Kirchenlexikon*. <http://www.bbkl.de/s/s4/Stehmann.shtml>, Zugriff zuletzt am 26.04.2012.

[2] Der anlässlich dieser Gelegenheit von der Akademie herausgegebene Band mit dem Verzeichnis der Mitglieder vermerkt zu Oskar Maria Graf ein wenig hilflos und deutungsoffen: »Ausbildung in Aufkir-

zur Eröffnung hatte er am 23. Juni aus dem »Dekameron« (»Grüß Gott, tritt ein«) und aus »Erben des Untergangs« gelesen. In derselben Veranstaltung las auch noch Ernst Schnabel, einer der wichtigsten Hörspiel- und Rundfunkautoren damaliger Zeit. – Wo und wann die erwähnte Münchner Lesung stattfand, ist nach Durchsicht von *Münchner Merkur, Abendzeitung, Vorwärts* und *Süddeutscher Zeitung* nicht eruierbar; sicher nicht in der Bayerischen Akademie der Schönen Künste, wie Oskar Maria Graf zu meinen scheint, denn er war nicht Mitglied und hat auch nach kompetenter Auskunft nie dort gelesen. Man hat in der Stadt – seine Klagen könnten kaum besser bestätigt werden – von ihm keine Notiz genommen. Die Ablehnung der Münchner Verhältnisse gehört zu den Leitmotiven der Zeit.[3] Bei dem – aus seiner Sicht – in München als besonders anstößig empfundenen Aufsatz handelt es sich um »Unser Dialekt und der Existentialismus«, dessen Erscheinen Oskar Maria Graf im zweiten Brief an Walter Becker (29. August 1960) in »den nächsten Nummern der ›Kultur‹« ankündigt, »was wahrscheinlich sehr großen Krach verursachen wird«. Der Abdruck unterblieb, weil zu umfangreich für die im Zeitungsformat erscheinende *Kultur*; Helmut F. Pfanners Bibliographie nennt dementsprechend auch als einzigen Druckort Oskar Maria Grafs Sammelband *An manchen Tagen* (1961). – Übrigens war Heidegger auch Mitglied der Berliner Akademie, er wurde aber als solches von Oskar Maria Graf nicht wahrgenommen. Die Ablehnung von Grafs Aufsatz selbst bei dem anzunehmenden Nicht-Akademie-Publikum muss in München auch noch andere Gründe haben. Welche wohl? Was ließ Oskar Maria Graf in Berlin sich wohler fühlen als in München?

Die Gedichte

Als »enthusiastischer Liebhaber von Gedichten«[4] (und wie zu einer Bestätigung dieser Einschätzung) widmet Graf den Brief vor

chen/Obb.« – Die Akademie in DDR-Berlin nahm ihn 1964 auf.
[3] Im Januar 1960 erschien in der *Kultur* der Aufsatz *Warum lebe ich nicht in der Bundesrepublik?*.
[4] Wilfried F. Schoeller: *Oskar Maria Graf. Odyssee eines Einzelgängers.* Frankfurt a. M. 1994, S. 445.

allem zwei Gedichten. Er ist damit ein Sonderfall in der bekannten Korrespondenz. Literarische, persönliche und politische Bemerkungen rahmen hier nur.

Das Gedicht Bruno Franks steht nicht in der von Oskar Maria Graf vermuteten Sammlung.[5] Er kann es an zwei Orten kennengelernt haben:

1) In einer lang zuvor erschienenen Sammlung von Bruno Frank,[6] in der es ohne Titel in der Gruppe »Zeitgedichte« ganz am Schluss des Bandes steht. Abweichungen betreffen allein die Orthographie: Zeile 1 »kreißt«, Zeile 3 »verwaist«, Zeile 9 »Keinem«.

2) In der von Bruno Kaiser herausgegebenen Anthologie *Das Wort der Verfolgten*[7] mit der Angabe »aus: Drei Zeitgedichte« und der Jahreszahl 1934. Das ist die zweite Auflage der 1945 im Schweizer Exil erschienenen, unter Kaisers Pseudonym Oswald Mohr herausgegebenen Sammlung, die laut Vorwort »den Kampf der deutschen Emigranten um und für Deutschland« dokumentieren wollte und viel Beachtung fand.

Bruno Frank, ein vor allem als Roman- und Theaterautor berühmter Freund Thomas Manns und Exilautor wie Oskar Maria Graf, war diesem schon aus der Revolutionszeit bekannt. Er hatte am 10. Dezember 1918 vor dem »Politischen Rat geistiger Arbeiter« eine Rede gehalten, die 1919 ebenfalls im Musarion-Verlag unter dem Titel *Von der Menschenliebe* erschienen war und für »geistige Arbeiter als Führer« plädierte. Damit kann eine frühe Kenntnis und lang währende Erinnerung nicht ausgeschlossen werden.

Ob das Gedicht zu dem rückseitig erwähnten »Wust Papier« gehörte, den Oskar Maria Graf bei sich hatte, oder ob er es aus-

---

[5] Es handelt sich dabei um einen Band der »Bücher der Neunzehn«, das waren Sonderausgaben großer Verlage, die ihre Rechte nicht nur über Taschenbücher vermarkten wollten; hier Band 32: Bruno Frank: *Ausgewählte Werke. Prosa. Gedichte. Schauspiel. Mit Gedenkworten von Thomas Mann als Einleitung.* Hamburg 1957.

[6] Bruno Frank: *Die Kelter. Ausgewählte Gedichte.* München 1919, S. 159.

[7] *Das Wort der Verfolgten. Anthologie eines Jahrhunderts.* Hrsg. von Bruno Kaiser. Berlin 1948, S. 174.

wendig konnte, wie manche Aussagen des »Lyrik-Enthusiasten« vermuten lassen[8] (der Refrain der ersten und dritten Strophe dürfte ihm besonders gefallen und sich eingeprägt haben), ist kaum zu entscheiden.

Mit dem zweiten Gedicht, Grafs eigenem »Verslein« auf der Rückseite des Schreibens, hat es eine besondere, aufschlussreiche Bewandtnis. Nach Katrin Sorkos Angaben in dem von ihr herausgegebenen Gedichtband[9] darf man von sechs Nachdrucken vor dem Datum des Briefes ausgehen; ein Abdruck erschien zum Beispiel im Jahr des Briefes in: *An den Wind geschrieben. Lyrik der Freiheit. Gedichte der Jahre 1933–1945.* Hrsg. von Manfred Schlösser. Berlin 1960, S. 223, mit dem Vermerk »im Exil« statt der Jahreszahl wie bei anderen Gedichten dieser Sammlung.

Katrin Sorko druckt es nach der im Nachlass aufbewahrten, unveröffentlichten Sammlung »Gedichte eines unbekannten jungen Mannes«, die Texte aus den Jahren 1919–1920 enthält. Als Erstdrucke aus den Jahren 1934 und 1935 gelten eine Exil-Zeitschrift, danach Heinz Wieleks Sammlung *Verse der Emigration* (Karlsbad 1935).

Von »unveröffentlicht« kann also keine Rede sein, es sei denn man versteht mit einem strengen Textbegriff drei pathosmindernde Varianten als konstitutiv für einen »neuen, unveröffentlichten Text«: In Zeile 8 steht bei den vor dem Brief liegenden Drucken »ewiglich«; Zeile 9 bietet – ob von Oskar Maria Graf selbst, erscheint fraglich – zwei handschriftliche Korrekturen: »erst« statt »und« sowie »Erben« statt »Richter«, an dessen Stelle in den früheren Fassungen »Henker« stand; hier lässt sich die Tendenz zu schwächerem Pathos am deutlichsten fassen.

An welche Veröffentlichungsmöglichkeit Oskar Maria Graf gedacht haben mag, als er es dem Adressaten sandte, konnte ich nicht ermitteln. Die Universitätsakten schweigen über nicht wissenschaftliche Angelegenheiten.

---

[8] Vgl. Oskar Maria Graf: *Die deutsche Literatur ist unteilbar. Eine nicht gehaltene Rede.* In: *An manchen Tagen. Reden Gedanken und Zeitbetrachtungen. Oskar Maria Graf Werkausgabe.* Band XII. Hrsg. von W. F. Schoeller. Frankfurt a. M. 1988, S. 25.

[9] Vgl. Oskar Maria Graf: *Manchmal kommt es, dass wir Mörder sein müssen ... Gesammelte Gedichte.* Hrsg. von Katrin Sorko. Berlin 2007, S. 455.

Gerhard Bauer
Kriegsverletzungen im Erzählfluss von Oskar Maria Graf

Das Leben und Denken Oskar Grafs, des späteren – zeitweiligen – Erfolgsschriftstellers Oskar Maria Graf, wurde durch den mitgemachten und von Herzen verabscheuten Krieg entscheidend geprägt. Das beweist jeder Blick in den Verlauf seiner Biographie, jede Prüfung seiner Ansichten in Briefen, Artikeln und überlieferten Äußerungen. Schon das Alter, in dem ihn der Kriegsausbruch traf, war fatal, die Herausforderung in vielerlei Sinn horrend. Unerfahren, allerdings nicht ungewitzt, mit lauter hoffnungsvoll aufgeschnappten Urteilen über die Gesellschaft und sich selbst, musste er den Zusammenbruch sämtlicher Garantien der angeblich gefestigten Zivilisation verkraften. Das Funktionieren einer »Maschinerie« der puren Destruktion musste er ebenso begreifen lernen wie die Rolle, die ihm und allen Frontschweinen darin zudiktiert war. Mühsam, ganz auf sich gestellt musste er einen Weg finden, wenigstens sich selbst aus dem Getriebe herauszuziehen. Kein Wunder, dass er den Schock, den erlebten Rückfall in die Barbarei, die Erfahrung der Isolation und des Verratenseins sein Leben lang nicht verwinden konnte. Und gut begreiflich immerhin, dass er die impulsiv herausgefundene Lösung allmählich, mit kopfschüttelndem Stolz bei aller tapsigen Bescheidenheit, zu seinem und zum überhaupt empfehlenswerten Muster der Reaktion auf Kalamitäten überwältigenden Ausmaßes entwickelt hat.

Hier soll diese für ihn zentrale Lebenserfahrung nicht neu ausgebreitet werden – allen, die sich mit seinem Leben oder mit denjenigen seiner Schriften befasst haben, in denen er darauf reagiert hat, steht dieses Urerlebnis ohnehin unvergesslich vor Augen. Vielmehr möchte ich untersuchen, wie der Krieg sein Schreiben geprägt hat. Das heißt was für eine Rolle das Geschehene – der Krieg selbst sowie seine sporadische Teilnahme am Krieg – in seinen Werken, und zwar autobiographischen wie fiktionalen, gespielt hat. Welche Perspektive es der Darstellung des eigenen

Werdegangs oder der Herausarbeitung fremder »Schicksale« gegeben hat. Wie dieses Geschehen zum Schreiben getrieben, Ausdruck gesucht, Urteile befördert und manches Weiterfabulieren angestoßen hat. Welche unfassbaren Härten aber auch, Entmenschlichung, Sinnlosigkeit oder schlechterdings Wahnsinn, der literarischen Bewältigung spotteten und als nie auslotbarer Abgrund das gerade noch Sag- und Schreibbare grundierten, die Produktion sowohl weitertrieben als auch in Frage stellten, ein Basso continuo mit der Dominante »alles ist eitel«. Ich will nicht seine gesamte literarische Entwicklung auf das eine epochemachende Erlebnis zurückführen. Aber es spricht viel dafür, dass die Lektion dieses Krieges sich noch weit nach 1916/1918 ausgewirkt hat, auch in der Auseinandersetzung mit weiteren, ebenso fatalen Ereignissen, oder in einer besonderen Hartnäckigkeit von Reparaturbemühungen. In dem intensiv dargestellten Schrecken über das Geschehene[1] wird die Erkenntnis des »Ausnahmezustands« und der durch ihn bewirkten Außerkraftsetzung der grundlegendsten zivilisatorischen, juristischen, moralischen (partiell auch sozialen) Ordnungskategorien eindringlich, nur eben erzählerisch-vorbegrifflich erfasst. Mit ordnungswidrigen, absurden oder auch nur »blöde« wirkenden Reaktionen unterstreicht der junge Rekrut und, in zwanghafter (obzwar nicht lückenloser) Personalunion mit ihm, der etwas spätere Autobiograph, dass er den Ernst dieser Außerkraftsetzung verstanden hat. Dass der Ausnahmezustand im Krieg sich nur besonders schroff zeigte, dass er eigentlich in der »friedlichen« Ordnung der Verhältnisse als einer politischen, staatlich verfassten, auf der Verwertung beruhenden schon angelegt war, wie damals Carl Schmitt zynisch als unabdingbar verkündete und heute Agamben[2] in kritischer Absicht nicht nachlässt zu betonen, scheint unserem Autor ab und an gedämmert zu haben. Doch auf eine so desolate Sicht seiner Zeitgeschichte, die von ihm gefordert hätte, auch seine mühsam gelernten Vorstellungen vom Sozialismus und Anarchismus nochmals zu revidieren, konnte und mochte er sich nicht mehr richtig einlassen ...

[1] Vgl. im Folgenden vor allem die Angaben zu *Ballade vom Peter Greiner* und *Zwischenakt*.
[2] Giorgo Agamben: *Homo sacer: Souvereign power and bare life*. Stanford CA 2000; ders.: *State of exception*. Chicago 2005.

Graf war nicht der Einzige, der an dem Krieg lange zu kauen hatte. Seine ganze Generation stand unter dem beherrschenden Eindruck dieses Zivilisationsbruchs. Den meisten Kriegsteilnehmern war das militante Geschehen noch weit heftiger, in der Regel auch länger anhaltend auf den Leib gerückt; Graf lernte den Krieg ja nur aus der Entfernung kennen: aus der Mühsal der Etappe und an beklemmenden Spuren der bereits vollzogenen Verwüstung in eroberten Gebieten. Die anderen brauchten auch länger, sich zu fassen. Ein ganzes Jahrzehnt musste nach dem unrühmlichen Ende dieser horrenden Veranstaltung vergehen, ehe die beträchtliche Flut von Romanen einsetzte, die leidenschaftlich oder gefasst, zumeist scharf kritisch die Existenz in den Schützengräben, in den Lazaretten, unter den Befehlen zum Angreifen oder zum Aus- und Durchhalten dem bis dahin ziemlich ahnungslosen Lesepublikum zu Hause vor Augen rückte. Graf trieb es schon 1919/20, als sich in der Öffentlichkeit erst wenig Aufmerksamkeit dafür entwickelt hatte, seine nicht ganz so extremen Erlebnisse erst mündlich zu berichten und dann (nach einem Anstoß vom Verleger) aufzuschreiben und zu veröffentlichen.[3] Grafs *Frühzeit* erschien 1922.

Die »Jugenderlebnisse«, der Gegenstand von *Frühzeit*, münden in ihrem besonders beeindruckenden letzten Teil in die Einberufung und die eineinviertel Jahre, die der »Gemeine« Oskar Graf als Trainsoldat sowie Ordonanz seines Majors in dem weiten Gebiet hinter der nördlichen Ostfront zubrachte. Diese Jugenderlebnisse sind insgesamt, schon von seinen frühen Jahren an, von einer doppelten Bewegung bestimmt: Das jugendliche Ich erlebt sich als Opfer und natürlichen Antagonisten einer fast lückenlosen Repression, und es richtet sich an der Serie von Streichen wieder auf, die es, allein oder mit wenigen Leidensgefährten, den Instanzen oder persönlichen Quälgeistern gespielt hat. Die Streiche jedoch sind nur selten zielgerichtet. Der Erzähler verweilt gerade bei den Unarten und Blödeleien, mit

---

[3] Von den Autoren der wichtigsten Kriegsromane reagierte nur Arnold Zweig ähnlich rasch, der den Krieg ebenfalls überwiegend (jedenfalls den im Osten) aus der Etappe miterlebt hatte und darstellte, Zweig jedoch aus einer ganz anderen Position des Überblicks und auf ein umfassendes Urteil hin, an dem er noch vierzig Jahre weiterarbeitete und schrieb.

denen der Protagonist seiner Story, das »Ich« in seinem frühen Entwicklungsstadium, sich einfach nur Luft gemacht, einen minimalen Spielraum für sein Anderssein erobert hat. In der gleichen Haltung, so führt er in den acht Kapiteln aus, die er seiner soldatischen Existenz widmet, habe er sich als Zwanzigjähriger einziehen und drillen lassen. Grußpflicht, stramme Haltung, die überwiegend zeremoniellen Beschäftigungen eines Rekruten und die Heiligkeit des militärischen Befehls habe er einfach nicht ernst nehmen können. Bis zum »›Schandfleck des ganzen bayerischen Heeres‹« habe er es gebracht.[4] Anfangs habe er es »sehr lustig« gefunden beim Militär, zunehmend aber habe er begriffen und es laut gesagt, dass er ebenso wie seine Kameraden den Krieg »nicht gemacht« habe. In diesem Sinne habe er seinen persönlichen Ausstieg aus dem Krieg gesucht und gefunden, bis zur Einlieferung ins Irrenhaus und zum »schallenden Lachen« darin. Aus der Perspektive von 1919/1920 schreibt er sich eine gewisse strategische Hoffnung zu: »Die Unterdrückung muß unerträglich werden, dann kommt eine Änderung!«[5] Die berichtete Serie seiner Konfrontationen mit dem Militärapparat aber verrät eher ein spontanes Ausprobieren und Weitergehen als so viel Kalkül. Der unwillige Soldat Graf hatte nichts als seine schwache, doch resistente Person; er musste seine Schwäche, ja die pure Passivität so beharrlich wie möglich ausspielen. Zu allem konnten sie ihn zwingen, war ihm klar, sogar zum Essen, als er das verweigern wollte – zum Appetit aber nicht.[6] Er kam dadurch wahrhaftig »Ins Freie«, wie er das letzte Kapitel von *Frühzeit* überschreibt. Die persönliche Befreiung war echt, obzwar nur eine winzige Lücke in einem Mechanismus, dessen »Erfassungs«kraft noch zwei Jahre lang bis 1918 immer weiter anstieg. Der Demonstrationswert dieses Beispiels war ebenso reell wie verdreht: Wer den Irrsinn dieses Kriegs ablehnte, das weitere Mitmachen verweigerte, blieb nur dann am Leben, wenn er selbst verrückt wurde oder verrückt spielte. Der Apparat siegte mit seiner Definitionsmacht, dass jemand, der am

---

[4] Vgl. Oskar Maria Graf: *Frühzeit*. Berlin 1922, S. 111; Oskar Maria Graf: *Wir sind Gefangene*. München 1978, S. 170.

[5] Graf: *Frühzeit*, S. 117; in Graf: *Gefangene*, S. 177 geändert zu »die« Änderung und ohne Ausrufungszeichen.

[6] Vgl. Graf: *Frühzeit*, S. 123; Graf: *Gefangene*, S. 185.

herrschenden Irrsinn nicht teilnahm, nur irrsinnig sein konnte. Er sollte sich auch darin zu Tode siegen.

»Um den kranken Zahn spielt die Zunge«, sagen die Russen. Was einen Schriftsteller dauerhaft schmerzt, was sich mit einer ersten z. B. verbissen übermütigen Darstellung nicht einfach erledigen lässt, darüber muss er weiterhin schreiben. Graf ergänzte die eigene, eigenwillige Lösung seiner Zwangsrekrutierung zunächst durch eine hochdramatische Geschichte. In seinem ersten Band mit Erzählungen, *Zur freundlichen Erinnerung* (1922), unter lauter Situationen oder Abläufen von äußerster sozialer Härte sowie Isolation und Hoffnungslosigkeit,[7] veröffentlichte er einen Vorgang aus dem Krieg: *Etappe*. Er lässt ihn in »seiner« Gegend spielen, »Ober-Ost« von Kowno bis Lünaburg, auch in seinem Metier, einer Baukompanie, als Protagonisten aber wählt er einen Meldereiter und nennt ihn »Peter Nirgend«. Da das ständige verlustreiche, auslaugende »Vorrücken« zu nichts gut ist als dem Major einen neuen Orden zu verschaffen, entsteht in der Mannschaft eine aufrührerische Stimmung. Tatsächliche Weigerung aber verbietet sich. An individuellen Auswegen fällt lediglich dem Mannschaftskoch ein: »Sich den Schwanz verbrennen«, und selbst dazu fehlt es an einem Puff. Immerhin schießen die eigenen Leute auf den Meldereiter, als er den Befehl zum weiteren Vormarsch bringt.[8] Der Meldereiter überbringt dem Leutnant die herausgehörte Botschaft (schon damit dreht er die Einbahnkommunikation der ausschließlichen Befehlsüberbringung um), dass »jeder wütend ist« und »keiner mehr vorgeht«, mit der logischen Folgerung für ihn selbst: »Ich reite nicht mehr!« Er ist tief enttäuscht, als er dann mit

---

[7] Die einzige Andeutung der später so dominierenden subjektiv-kommentierenden Erzählhaltung liegt hier im Titel: als ob die Zeit sich inzwischen von jenen Grausamkeiten verabschiedet habe und nur der Erzähler noch mal mit aller Unfreundlichkeit die einstigen Kalamitäten in Erinnerung rufen wollte.

[8] Das Motiv der Schüsse gilt als sicher, doch die Ausdeutung der Stimmung wird, wie bei Graf nur ganz selten, der subjektiven Phantasie mit deutlichem Spielraum überlassen: »›Hu-u-und!‹, surrte es langgedehnt durch die kalten Nebelschwaden und lief ihm nach wie ein unterirdisches Grollen«, *Zur freundlichen Erinnerung*, S. 43.

seiner Weigerung allein steht, die Kameraden unansprechbar bleiben und lediglich wegen der zusätzlichen Schererei mit ihm schimpfen. Er ersticht den Nächstbesten: keinen der antreibenden Offiziere, sondern den brummelnd für Ordnung sorgenden Unteroffizier, den Einzigen aus der Truppe, der wenigstens mal »Kamerad! – Mensch?« zu ihm gesagt hat. Die beiden Soldaten, die ihn nun zu bewachen haben und ihm die »Überstunden« heimzahlen, reizt der Machtlose, Gefesselte mit aller Macht seine Zunge: »Hasenfüße! Hasenfüße!«, bis sie ihn vor Zorn erschießen. Selbstredend wird der Vorgang vertuscht; obendrein bekommen die beiden, Pioniere mit ganz normalen Namen, nun auch einen Orden. *Etappe* bietet ein deutliches Gegenmodell zu dem am Beispiel der eigenen Person durchgespielten unbedarft-tollpatschigen, nur unbezwingbaren Verlangen auszusteigen. Es ist ein Wunschtraum in der Vergangenheitsform. Dass es unter den Hunderten oder Tausenden von Befehlsverweigerern einen so konsequenten, derart auf Solidarität fußenden und aus der Solidarität herausfallenden Einzelnen gegeben habe, wird nicht einmal behauptet: Der Protagonist bleibt ein »Nirgend«. Wie stark immerhin die Versuchung war, wie weit noch in den Jahren nach dem Krieg der im Krieg gelernte Radikalismus, die Verletzung jeder Solidaritätserwartung nachlebten, hat Graf nach Beendigung der ruhigeren Jahre der Republik in *Einer gegen alle* (1932) eindringlich ausgeführt.

Bei der Bearbeitung und Vervollständigung der Autobiographie, die dann unter dem Titel *Wir sind Gefangene* den Durchbruch des Autors zu einem ernst genommenen Schriftsteller brachte, bleiben die Kriegserlebnisse aus der Perspektive dieses absolut Kriegsdienstuntauglichen voll erhalten. Die vermeintliche Unbekümmertheit wird noch verstärkt und jetzt auf eine Formel gebracht: »Meinetwegen konnten sie Krieg führen, mich ging das nichts an«.[9] Die ausgefallenen bis absurden, je-

---

[9] Graf: *Gefangene*, S. 145. Dass der unwillige Rekrut unter der Verdammung zum Selbsthelfertum auch gelitten haben muss (»allein auf weiter Flur, allein und mir selbst überlassen«), wird erst in der späten Bearbeitung für die Wiederveröffentlichung bei Desch 1965 nachgetragen, verbunden mit einer Abrechnung mit »diesen Schwätzern«, den Anarchisten, Jung »und seinesgleichen«, Graf: *Gefangene*, S. 143 f.

denfalls situationskomischen Reaktionen scheinen sich zu verselbständigen.[10] Prognosen über die Auswirkung des Kriegs werden eingetragen: Die »Jroßen« werden weitermachen wie früher, »und die Kleenen sind ruiniert«;[11] wenn der Krieg noch jahrelang weitergeht, »dann sind wir alle Landsknechte und Räuber und Mörder ...«.[12] Eine entscheidende Veränderung an dem nach wie vor frisch gehaltenen Erlebnisstoff bringt die neue Perspektive, unter die er gerückt wird. Der übernommene Part der Biografie, jetzt als »erster Teil« des neuen Werks, führt wie das Original bis »Ins Freie«. Der zweite Teil aber, der Bericht über das eigene Verhalten in der »kläglichen Zwischenzeit« der letzten Kriegsjahre und in der scheiternden Revolution, betont die Abhängigkeit von der Lohnarbeit, vom Schwarzmarkt, von guten Freunden, die sich einen Jux mit dem jungen Genie und Tollpatsch machen: von der mühsam errungenen »Freiheit« blieb so gut wie nichts übrig. Außerdem hatte *Frühzeit* noch die Sexualität des heranwachsenden Buben und des Rekruten gänzlich ausgespart; sie wird für den zweiten Teil massiv nachgetragen und wird überwiegend als Unfreiheit gestaltet, als eine besonders bedrückende sogar, weil sie in der eigenen Person sitzt und sich auf keine Weise abschütteln lässt. Die Unbekümmertheit der Boheme oder des Naturburschen kommt in diesem »Bekenntnis«buch kaum dagegen auf, sehr anders als in den flotten oder behäbigen, souverän dahinerzählten Geschichten, zu denen Graf bald überging. Die miterlebte Geschichte ist eine einzige Enttäuschung, eine Negativlehre fürs ganze Leben: Der teils miterlebte, teils ohne ihn weitergehende Krieg mündete zwar in die Revolution. An dieser Revolution aber blamierten sich der Eifer und die Be-

---

[10] Die Gestalt des »kugelrunden Männchens«, das den Unteroffizier darstellen sollte, reizt jetzt erst zu den heftigsten Vergleichen sowie zum Gedanken an »das bekannte Fröscheprallen«, S. 146 f.; beim Abführen von einem Arrest zum nächsten sei dem Delinquenten Oskar »wohlig und frei« gewesen und habe er gesungen, was ihm in den Kopf kam, S. 183; zu Beginn seines zweiten Dienstjahres habe er die »fixe Idee« ausgebildet und bei den Kameraden darum »geworben«, nach dem zweiten Jahr einfach zu gehen, weil das so im Wehrgesetz vorgesehen sei (S. 166) – es stand da in der Tat, im Art. 59.
[11] Graf: *Gefangene*, S. 174 f.: ein alter Erzgebirgler.
[12] Ebd., S. 160.

geisterung nicht weniger als das politische Kalkül, Mut ebenso wie Ängstlichkeit, Draufloswirtschaften mit nicht geringerer Peinlichkeit als Dienst nach Vorschrift. Aus der Misere dieses Kriegs heraus nahm die erhoffte Revolution die miserabelst mögliche Gestalt an.[13]

In den Geschichten unterschiedlicher Dichte und Ernsthaftigkeit, die der jetzt immer fester etablierte Allroundschriftsteller oder auch »Provinzschriftsteller« in einer erstaunlichen Fülle produzierte, ist der Krieg über weite Strecken wie vergessen. In markanten Konstellationen aber meldet er sich zurück, als Hauptthema oder als Nebenmotiv, eine Erinnerung, ein Nachtrag oder ein unbewältigt hinterlassenes Problem. Die Sammlung *Finsternis* von 1926 ist kaum weniger hart und resolut als *Zur freundlichen Erinnerung*, nur dass die soziale Härte überwiegend ins Innere verlegt ist, wo sie ebenso unüberwindlich schwärt und »nieder«zieht. Von ihren sechs Geschichten handelt eine vom Krieg, und jetzt aus der Entfernung, von der psychischen Verfassung aus, die einst als »Heimatfront« hatte gelten sollen. *Die Ballade vom Peter Greiner* erzählt von nichts als vom sukzessiven Verlöschen eines Bauern (Witwer schon lange), dem der Krieg beide Söhne genommen hat. Seitdem »war es aus mit ihm«, das sagt schon gleich alles. Sein Leben hat kein Ziel mehr, keinen Zusammenhang, keine Kontur: »Er zerfiel förmlich.« Emotional war es seit jeher karg bei ihm zugegangen. »Stumm und ein wenig eckig zueinander« hatte er mit seinen Buben gehaust – und das wird jetzt das unwiederbringliche Optimum seines Lebens, die Substanz, die nun herausgeronnen ist. Die betonte einstige Frömmigkeit schwindet, er »verlor den Glauben«; dagegen kommt keiner an. Was am ärgsten an einem Bauern ist, dazu einem einst recht wohlhäbigen: Er ist bei keiner Arbeit mehr recht dabei und verliert das Interesse an seinem Sach. Ein erfolgreicher Erbschleicher drängt sich ein und im Dorf gibt es heftiges Gemunkel, aber nicht einmal dieser sonst

---

[13] »Friß oder werde gefressen!« bleibt die »letzte« Erkenntnis, auch wenn der Akteur dieses Lebens/dieser Reflexion den Krieg als »eine einzige Narretei« nimmt und ihm »so schnell wie möglich auszuweichen« sucht. So heißt es noch im »Epilog« von *Gefangene*, S. 523.

unfehlbar Interesse weckende Vorgang kommt gegen die Düsternis des dargestellten Verlöschens auf. Peter Greiner lässt alles nur mit sich geschehen. Ihn hält es nicht einmal mehr auf seinem Hof. In einer verfallenen Hütte weit weg vom Dorf quartiert er sich ein, kümmert sich kaum noch um sich selbst und stirbt schließlich, das Zeitungsblatt mit den Toten von Verdun vor Augen, eineinhalb Jahre nach dem Krieg. Was diese »Ballade« erfasst und wie sie es hinstellt, ist nicht weniger grausig, als der Tod im Krieg es war.

In den folgenden reichlichen »Geschichten vom Lande« ist der Krieg eine manchmal dazwischenfunkende ferne Erinnerung und wird mit betont verkleinernden, ja vom Leibe haltenden Vokabeln belegt: »diese ganze unwirtlich-schreckliche Zeit«[14]. Für den einen der geschäftstüchtigen Hanseln, die jetzt auch auf dem Land überhand nehmen, ist er nichts als eine unwillkommene Störung der Geschäfte,[15] für den anderen ein persönliches Ruhmesblatt,[16] das sich nun auch geschäftlich auszahlen sollte: »Es hieße doch immer, Kriegsteilnehmer müßten vor allem berücksichtigt werden.« Unter den »Geschichten aus der Stadt« gibt es mehrere, die an den gewesenen und noch nicht verwundenen Krieg anknüpfen. »Zwischenakt« ist ein starkes Pendant zur »Ballade« aus *Finsternis*.[17] Eine familiäre Konstellation, wie Graf sie öfter gestaltet hat:[18] Der Vater ein strammer Monarchist (Oberpostmeister ist er, Wetterschlag heißt er), der am liebsten noch einmal »freiwillig gegen den Feind« gezogen wäre, die beiden Söhne auf den Genuss ihres Lebens versessen, nur zwangsrekrutiert, und zu allem Schreck macht der Überlebende von beiden noch bei den Revolutionären mit, sogar gegen das Post-

---

[14] »Kaslmeier, oder von einem, der nicht umzubringen ist«, in: *Kalendergeschichten I*. Frankfurt a. M. 1986, S. 225.
[15] »Dummerweise aber brach kurz darauf der Krieg aus und zerschlug all diese angefangenen Spekulationen«, ebd.
[16] »Vier Jahre sei er im vordersten Schützengraben gestanden«, ebd., S. 251.
[17] Vgl. Oskar Maria Graf: *Kalendergeschichten II*. Frankfurt a. M. 1986, S. 139–146.
[18] In *Frühzeit* z. B. in der Gegenüberstellung zwischen dem alten Oehring und seinen beiden »nichtsnutzigen« Söhnen, zu denen er selbst in der Kriegsemphase einfach dazugezählt wird, S. 90–92.

gebäude, und wird mit allen anderen zusammengeschossen. Der Vater lernt kaum daraus, wird nur für einen Moment in seinem schroffen Ordnungsdenken unterbrochen. Die bloße Möglichkeit, dass er anders (menschlicher?) reagieren könnte, wird ihm vor Augen gerückt, visualisiert in einem geradezu raffinierten Arrangement. Er starrt vom Fenster aus auf die grauenerregende Szene, wie die Schutzpolizisten auf den »Haufen Leichen« immer noch weiter einschlagen und schießen. Plötzlich wird das Bild des Schreckens »wie weggeschnitten«, da er unwillkürlich nach der Jalousie gegriffen hat und sie herabsaust. An der Stelle des Gemetzels erblickt er jetzt das eigene Gesicht, die Augen als »leere Löcher«, der Mund halb offen: »Das, was da vor ihm schwamm, war fast ein Totenschädel!« Er strafft sich alsbald wieder zu seiner »Pflicht«, aber auf ihn kommt es kaum noch an; das Feld behalten die unbeantworteten Klagelaute seiner Frau. Sie ist gelähmt, wird im Rollstuhl herumgeschoben, fasst die Situation nicht mehr auf und ruft ständig nach den beiden Kindern. In die pathetische Auseinandersetzung zum Kriegsbeginn hat sie nur ihr Wort eingeworfen: »La-la-aß die Jungen do-do-doch le-eben!« Als vom ersten die Erkennungsmarke und sein Eisernes Kreuz ankommen, fragt sie stotternd: »I-i-is da-das alles?« Am Schluss (wir erfahren immerhin noch, dass der zweite sie heimlich regelmäßig besucht hat), kann sie wieder nur stammeln: »Wo-o-o blei-bleibt denn A-albert? ... A-albert? [...] und schnaubte schmerzhaft ...« – mit solchen Verweisen auf die pure Physis und das, was sie »sagt«, aber eben nicht aussagt, schließen die Geschichten jetzt oft.[19] Nach Benjamins eindringlicher Analyse lassen sie den »Sinn« (»eine Moral«) peinlich vermissen und flehen die Leser an, ihnen »schamhaft« (notdürftig-annähernd?) irgendetwas von der Art eines Sinns »zuzustecken«.[20]

Hašeks *Švejk* erschien von 1926 an in deutscher Übersetzung.[21] Seine ebenso bündige wie unnachahmliche Gestalt machte Hu-

---

[19] Besonders in der Phase der *Kalendergeschichten* und des *Bolwieser*, später noch (wie aus einem bewährten Fundus) in *Leben meiner Mutter* und *Unruhe um einen Friedfertigen*.
[20] Walter Benjamin: *Oskar Maria Graf als Erzähler* [1931]. In: Ders.: *Gesammelte Schriften*. Band 3. Frankfurt a. M. 1972, S. 309.
[21] 1928 von Piscator auf die Bühne gebracht, Uraufführung in Berlin.

moristen wie Valentin, Graf, Tucholsky – und nicht nur diesen – bis in die eigenen Nervenbahnen und den fremden Satzduktus hinein klar, was für ein ganz anderes, bockig-unbelangbares Verhalten sich dem Krieg auch hätte entgegenstellen lassen. »Es ist immer schön, wenn der Schwächere der Stärkere ist«, freut sich Ignaz Wrobel in seiner begeistert mitgehenden Rezension[22] und lobt die »bösartige Harmlosigkeit« der Figur, ihre »himmlisch« wirkende »schwerflüssige Besoffenheit«, vor allem aber wie sie die Wahrheit trifft. Er ernennt diesen »Herrn Schwejk« geradezu zur »letzten Hoffnung der Vernünftigen« in dem (laut Tucholsky immer noch vorherrschenden) »See des Militarismus«. Nicht wenig an Švejks Verhalten – vor allem: »Er lächelt freundlich [...] und nimmt nichts ernst« – wie auch an den Reaktionen des Militärapparats[23] erinnert an das, was Graf in *Frühzeit* zum Besten gegeben hat. Manches geht graduell[24] oder in der Bewusstheit der Süffisanz[25] über Oskars versteckere Blödeleien hinaus. In der zusammenfassenden Formel für diese Gestalt gibt Tucholsky dem gestaltenhungrigen Autor Graf in der Phase seiner höchsten Produktivität gewissermaßen ein Stichwort: »Er ist der ewige Zivilist unter verkleideten Soldaten; die Uniform macht ihn nur noch ziviler.« Graf nimmt für seine Erzählung *Der unentwegte Zivilist* keinen Hundehändler, sondern einen Zuhälter und späteren Kaffeehauswirt, aus Wien statt aus Prag (nach München verschlagen, so dass der Erzähler ihn aus der nächsten Nähe des Etappenkameraden schildern kann).[26] »Woos haaßt hia Kriag? ... Hob ich ihn gmocht? ...

[22] »Herr Schwejk« in *Weltbühne* 8.6.1926, zitiert nach: K. Tucholsky: *Gesammelte Werke*. Band 4. Reinbek bei Hamburg 1975, S. 456–462.
[23] »Man stellt alles Mögliche mit ihm an, man gibt ihm Klystiere und Arrest, steckt ihn zu den Verrückten und zu den Offizieren.«
[24] »Vor ihm sind Stabsärzte, Feldintendanten, Obersten und Feldmarschälle nichts als putzige Figuren«.
[25] Dem Polizeikommissar unterschreibt Schwejk alles »um des lieben Kriegs willen.«
[26] Der Erzähler als Mitspieler nimmt sich ganz auf das »Wir« einer Kraftfahrerabteilung zurück (die er sogar zu »acht Preußen« macht) und lässt sich die ausgefallensten Einfälle des »Zivilisten« durch andere Kameraden seines Zugs berichten (vgl. Graf: *Kalendergeschichten II*, S. 127–138). Graf nahm die Erzählung 1950 in seine Sammlung *Mitmenschen* auf, wo sie den zweiten Teil (mit überwiegend skurrilen Gestalten aus

Ich bin Taaaxaameta, aus!« setzt der »unentwegte Zivilist« sämtlichen Bemühungen entgegen, ihn, nachdem sie ihn einmal eingezogen haben, auch zum wirklichen, effektiven Dienst zu motivieren. Er ist Chauffeur und weder gewillt noch in der Lage, sein Fahrzeug auch zu warten, geschweige denn zu reparieren. Stattdessen pflegt er auch dicht hinter der Front seinen inneren und äußeren Menschen. Die tadellose Frisur und Rasur hält er für kriegswichtig und widmet seine ganze Kraft den »Zuckerln«, die er überall aufzugabeln weiß. Die unaufhörlichen Kalamitäten des Etappenlebens sucht er mit entwaffnender Kulanz zu entschärfen. Unter Beschuss z. B. ist es ihm »einfach nicht gegeben«, seinen Major weiter nach vorn zu transportieren.[27] Nur aus Versehen, wenn die Kameraden ihn anschreien: »Ja Himmelherrgott, Du bist ja aus'm Irrenhaus!«, artikuliert er einmal, was er von der ganzen Veranstaltung hält: »Irrenhaas? ... *Dos* is ein Irrnhaas!«[28] Am Schluss – wie schon in der sinnierenden, etwas überfrachteten Einleitung – ernennt der Erzähler »die« Schönlebers zu »echten Helden«, »unüberwindlichen!«[29] »Nur solche Menschen halten die Welt und den Frieden zusammen.« Das erwies sich als ein leider rasch zerstobener Anflug von Geschichtsvertrauen. Die Wunschfigur triumphiert hier geradezu (einsinniger und eindeutiger als Tucholskys »Herr Schwejk«): »Ein echter Mann des Volkes, ein unentwegter Zivilist, dem alle Maschinerie nichts anhaben kann.«

In seiner Bemühung um Erklärungen, was die Menschheit zu einer so perversen, für sie selbst ruinösen Veranstaltung gebracht hat oder immer wieder bringt, kommt der bedrückte Autor und hintersinnige Erzähler nicht besonders weit. Seit Kinderzeiten

---

    seinem vielfach verbogenen Lebensweg) eröffnet.
[27] »Bitt um Vazeihung, oba i konn dö Herrschaftn doch net in'n Tod foarn!«, Graf: *Kalendergeschichten II*, S. 136.
[28] In *Mitmenschen* für begriffsstutzige Leser expliziert: »Der Krieg, der Majur, das is ein Irrenhaus.« (Graf: *Mitmenschen*. Berlin 1950, S. 152).
[29] Jetzt zählt er auch die »ganz gewöhnlichen Massenmenschen« zu der gleichen Art, im strikten Gegensatz zu den »zwangsmäßigen« Helden, die der Krieg durch Druck und »Ansteckung« produziert habe, sowie zu den »radikalen« Dienstverweigerern oder Revolutionären, für die es sich etwa durch einen »guten Posten in einer Partei« ausgezahlt habe, und auch noch zu den »erschossenen oder gehängten Märtyrern solcher Ideen«.

weiß Oskar (von seinem Vater), dass es bei kriegerischen Veranstaltungen »immer ums Holz« geht, Zusatz: eben um »so was«, ob nun Holz oder was anderes.[30] Gemeinerweise wissen jedoch »die Großen« viele Tausende der »Kleinen«, die dann ihren Kopf hinhalten müssen, für ihre Interessen einzuspannen, und das funktioniert nicht allein durch materielle Bestechung. Graf muss etwas wie einen »militärischen Geist« wenigstens als Versuchung für Dorfmenschen wie für Städter anerkennen, eine Mischung aus Großmannssucht oder Konkurrenzdenken, Lust am Kommandieren, Unleidlichkeit usw., meist aus persönlichen Verletzungen entstanden, aber durch Gruppenbildung bestärkt und fast unzugänglich gemacht, für alle fatalen politischen Tendenzen unentbehrlich. An seinem Bruder Max gewinnt er ein Urbild dieser Art von Entartung und verficht sein Urteil über ihn in heftigen Auseinandersetzungen mit der Familienmilde zu Hause: »Diejenigen, die so sind wie er, haben auch diesen sinnlosen Krieg über uns gebracht. Sie bringen immer Krieg und in jeder Form.«[31] In dem Störenfried Silvan und seinen Kumpanen in *Unruhe um einen Friedfertigen* malt der Erzähler die Fortsetzung aus, wie die ungute Mischung aus Verwilderung und Vornehmtun im Krieg direkt in die Vorbereitung des Faschismus auch auf dem Lande führt. *Das Leben meiner Mutter* lässt aber die Geschehnisse zu parzelliert, als dass ein historisch (in dieser Frage) konsistentes Bild entstünde.[32] Und in *Unruhe* ist das erzählerische Modell – der Stille, Gutmütige gegenüber der Horde von Destruktiven, bei einer fast gelähmten, aus Gewohnheit noch sympathisierenden Öffentlichkeit – so stabil und

---

[30] Vgl. Oskar Maria Graf: *Größtenteils schimpflich*. In: Ders.: *Autobiographische Schriften*. Frankfurt a. M. 1991, S. 190.
[31] Oskar Maria Graf: *Das Leben meiner Mutter* [1940], München 1978, S. 433.
[32] Die als »normal« geltende passive Botmäßigkeit, die die Kriege und ihre Ausdauer überhaupt erst ermögliche, veranschaulicht Graf ausgerechnet am Bruder Maurus, dem späteren beliebten Konditor und Geschichtenerzähler von Berg. Er empfiehlt ihm seinen eigenen Ausstieg auf dem Weg übers Irrenhaus (erzählerisch mit einem leichtherzigen Anklang an seinen Peter Nirgend: »Hau doch einfach einen Unteroffizier oder Feldwebel über den Haufen!«), aber er stellt fest, dass Maurus zwar spöttisch oder sogar »zynisch« daherredet, doch »stets durchdrungen« war von »einer fast ängstlichen Ordentlichkeit« (Graf: *Das Leben meiner Mutter*, S. 443).

tragfähig, dass die Probleme, die es unangesprochen lässt, mindestens während der Lektüre sich kaum stellen. Manche rücksichtslosen Selbstentblößungen[33] decken auch die Kehrseite der so attraktiven Unbekümmertheit und Rücksichtslosigkeit, auch des »Menfoutisme«[34], der in anderen Kernländern Europas viel üppiger ausgebildet war als im gut gedrillten Deutschen Reich, ebenso gnadenlos auf wie die horrende Erbschaft der vielfältigen »damischen Militärschädl«.[35] Aber natürlich bleiben die beiden fatalen Haltungen auf ganz getrennten Ebenen, in der epischen Anschauungsweise wie in der historischen Realität, auf die sie verweist. Für eine Veränderung der Verhältnisse, jedenfalls für eine von unten, erweisen sich die Lehren aus dem Krieg ebenso wie das im Krieg gelernte Verhalten (und zwar Ausrasten ebenso wie Gehorsam) als ungeeignet oder mindestens weit entfernt von dem, was dazu erfordert wurde.[36]

In Grafs Erzählkunst hat sowohl der Zivilisationsbruch von 1914 als auch die im und am Krieg erlebte Destruktivität und die sich tief einfressende Enttäuschung über den Ausgang der »Revolution« Epoche gemacht, und zwar ebenso direkt wie indirekt: Einerseits lebt dies alles nach und bricht zwischen den Menschen oder im Kommentar des Menschenbeobachters Graf wieder auf. Andererseits wird es »beantwortet«, verdeckt, überspielt durch eine überhandnehmende künstliche oder zur zweiten Natur werdende Lustigkeit, auch durch Anflüge von Gelassenheit oder »breitem« Behagen, die ständig noch Spuren

---

[33] Man scheut sich immer (nicht ohne Grund), die schimpflich-garstige Figurierung in *Anton Sittinger* mit dazu zu zählen, trotz der klaren, den Erzählfluss leitenden Aussage, dieser Typ heiße mal »Du« und »Ich« (Oskar Maria Graf: *Anton Sittinger* [1937], München 1979, S. 195).
[34] Vom französischen »je m'en fous«, das schon vorher beliebt war und in den Kriegsjahren vermutlich die verbreitetste Wendung und Einstellung wurde.
[35] Oskar Maria Graf: *Unruhe um einen Friedfertigen*. München 1975, S. 36.
[36] »Totschlagen …!«, raunt und keucht der traurige Held einer »Geschichte ohne Ende«; er hätte allen Grund dazu. »Aber *wen* denn? Wen? […] So etwas pflegt ja nur in Romanen und Filmen zu geschehen. Im Krieg schließlich noch.//So leicht schlägt einer einen Menschen nicht tot« (*Kalendergeschichten II*, S. 173).

einer bitteren Lehrzeit, nicht eines angeborenen Naturells, sondern einer kompensatorischen Mache, eines sozial-moralisch-habituell-ästhetischen Willens verraten. Das würde nun eine Gesamtanalyse von Grafs Werk erfordern und also die Fasson des *Jahrbuchs* sprengen. Ich begnüge mich mit Andeutungen durch ein Florileg aus Urteilssätzen inklusive Überschriften, mit der offenen Frage, welches Gewicht die Kompensationen in Grafs Werk erhalten, und mit einem abschließenden Beispiel, das mir hinreichend sprechend scheint.

In Brechts *Mutter Courage* kommentiert der Koch, selber kein Muster von Menschenliebe, das Verhalten und Ergehen hervorragender Exemplare der Gattung Mensch. Es klingt eher resigniert als irgendwie aufstachelnd: »So ist die Welt und müßt nicht so sein!«.[37] In Grafs Geschichten fehlt dieser Zusatz. Erwägungen über die Möglichkeit einer anderen Lebensart als die, die sich hier und heute beobachten lässt, Urteile über das Sosein der Menschen von irgendeiner Alternative aus haben in der dichten sozialen Wirklichkeit, die Grafs Figuren umschließt – »Die Welt macht doch den Menschen und nicht umgekehrt«[38] – keinen Raum. Die breit ausgespielte Demonstration aber, dass sie »so« und nicht anders sind, ist nie frei von einem grantelnden, stachelnden oder anderswie zusetzenden, mindestens aber kopfschüttelnden und beunruhigenden Unterton. Einmal, am Schluss der letzten Erzählung von *Zur freundlichen Erinnerung*, die »Ablauf« heißt, erlaubt sich der Erzähler einen Ausflug in die explizite Veränderungsprognostik, wie sie in der damaligen sozialistischen Literatur noch beliebt war: »Wie lange noch?!« (gesperrt gedruckt). Sonst begnügt er sich damit, wie etwas typischerweise, aber höchst bezeichnend, abläuft: tief sonderbar trotz und gerade in seiner Gewöhnlichkeit. »Ist's nicht immer so?«[39] »Wenn es wo brennt …«, ruft das B*ayrische Lesebücherl* in Erinnerung, und alles folgende Getue ergibt sich mit der »Natur«notwendigkeit der dörflichen Kompetenzen und Gebräuche. Ebenso und ebenda: »Es stirbt wer …«, mit der Mini-

---

[37] Bertolt Brecht: Gesammelte Werke. Frankfurt a.M. 1967, Band 4, S. 1427.
[38] »Ist's nicht immer so?« (Graf: *Kalendergeschichten I*, S. 280).
[39] Graf: *Kalendergeschichten I*, S. 263–280.

malmissbilligung, die sich nicht anders äußern kann als: »Jetz dös is guat«, nämlich dass die Bäuerin just zur Haupterntezeit sich einfallen lässt zu sterben.[40] »Wer zuletzt lacht«, heißt eine der *Kalendergeschichten*, und »wart no ...!« eine aus dem *Bayrischen Lesebücherl*. »Wie aber der Teufel sein will. Wenn man's recht austüftelt, geht's gewiß schief.«[41] »Schließlich, kein Mensch ist von Eisen«, lautet ein Kernsatz des *Bayrischen Dekameron* und seinem weiten Umkreis in Grafs Schaffen, oder auch: »Niemand kann allein sein.«[42] »Den Menschen« als solchen werden alle denkbaren Widerwärtigkeiten nachgesagt. »Ein falsches Volk, diese Menschen« [und zwar alle].[43] »Es gibt nichts Boshafteres als Menschen, besonders Nachbarn.«[44] Selbst ein nur ruhebedürftiger Mensch, der durch den rücksichtslosen oder ihm zur Qual veranstalteten Lärm der anderen bis in den Selbstmord getrieben wird, stöhnt einmal auf: »Ach, die Menschen! Die Menschen sind hinterhältig und boshaft!«[45] So kann die Bezeichnung »Mensch« selber, und zwar nicht »der«, sondern »das« oder »dös Mensch«, mit oder ohne frauenverachtenden Akzent[46], zum Schimpfwort avancieren: »Dö größtn Menscha hobn dös größt' Glück.«[47] Die Invektiven sagten natürlich zumeist mehr über die, die sie ausstoßen, als über die so betitulierten oder charakterisierten »Menschen«. Aber nicht nur bleibt einiges hängen, sondern vor allem geben die Obsession, ja der Schwung und die verbale Lust, mit der die Schwächen der Menschen, ihr Pech in den meisten Unternehmungen hervorgekehrt werden, immer wieder zu denken. Obgleich der Krieg in den meisten dieser In-

---

[40] Graf: *Lesebücherl*, S. 30, S. 53.
[41] Oskar Maria Graf: »Der Martl«. In: *Finsternis*. München 1926, S. 196.
[42] Graf: *Kalendergeschichten II*, S. 92–102.
[43] Oskar Maria Graf: *Frau Maria Krümel*. In: Ders.: *Im Winkel des Lebens*. Berlin 1927, S. 13.
[44] »Raskolnikow auf dem Lande«, *Im Winkel des Lebens*, S. 155; eine Transzendierung und Verabsolutierung daraus (auf den ganzen eigenen Lebenslauf) führt die Krümlin im Mund und eröffnet ihre Geschichte damit: »Gibt es etwas Boshafteres als unsern Herrgott?!«, ebd., S. 7.
[45] Oskar Maria Graf: *Schlaflos*. In: Ders.: *Erzählungen aus der Weimarer Republik*. Frankfurt a. M. 1988, S. 490.
[46] Vgl. z. B. »Dös Mensch, dös drecki'« (Graf: *Kalendergeschichten I*, S. 250) und ähnliche Wendungen.
[47] Graf: »Der Martl«, *Finsternis*, S. 214.

vektiven und Gehässigkeiten gar nicht vorkommt, kennzeichnen sie durchweg einen Welt- und Gemütszustand post bellum.

Ist aber nicht in dieser negativen Summierung etwas ausgelassen, was auch zu Grafs Werk gehört? Das »Basl Marei« wird kein Liebhaber seiner Erzählkunst missen mögen, »Das sinnvollste Beispiel« nicht und überhaupt seine hingebungsvolle Arbeit an dem so fraglos-richtigen Leben seiner Mutter (wie er sie sah). Wohl auch nicht die skurrilen, die gutmütigen, die sich mühenden oder anderswie anerkennungswürdigen Gestalten aus seinem Erfahrungsschatz, von denen er die markantesten nach dem Zweiten Krieg in seine Sammlung von *Mitmenschen* aufnahm. Die Komplexität von Grafs Werk, sein Reichtum an Tönen und Einstellungen soll in dieser Verfolgung des einen wichtigen Motivs natürlich nicht geschmälert werden, ebenso wenig die laufende Veränderung des Gewichts und der Vordringlichkeit sowie der eigentlichen Bitterkeit jener lebenslänglich bewahrten inneren Verletzung. Oskar Maria konnte auch übermütig, leichtsinnig, drastisch, ja er konnte rein positiv und erbaulich schreiben. Dank der erfahrungsgesättigten Massivität seiner Menschengestaltungskunst (und seiner Sprache) nimmt man ihm auch das dankbar ab. Unter seinen Überschriften und mutwillig-postulativen Merksätzen dominieren zwar die fatalen und fatalistisch-defätistischen, die polternd denunziatorischen und garstigen oder so leise tückischen wie »Der glückliche Brauch«[48], daneben aber findet sich auch, in den gleichen *Kalendergeschichten I,* ein betontes Gegengewicht (ohne allen versteckten Hintersinn): »Das alltägliche Wunder«, in dem der Erzähler sich in der Kunst der Begütigung, ja des Einlullens mit Anleihen bei der ländlichen Predigt und schlichtesten Lebensweisheiten versucht.

Wichtig ist mir nur zu zeigen, dass die einen wie die anderen aus der gleichen literarischen Fabrikation stammen. Sie antworten auf die gleiche Problematik (die ihrerseits vielfältig geschichtet, nicht ausschließlich von einem Erlebnis geprägt ist), so wie der positive und der negative Pol einer Nadel, die bestehende Kräf-

---

[48] Graf: *Kalendergeschichten I,* S. 202.

te anzeigt. Wenn der Erzähler erbaulich werden will, sagt er es ausdrücklich und stimmt seine Leser darauf ein. »Laßt euch die einfache Geschichte erzählen. Sie ist ebenso trostreich wie wahr.«[49] Es handelt sich dabei um Menschen eines anderen Schlages als der ist, mit dem es der Erzählkünstler gewöhnlich augenzwinkernd und verständnisinnig zu tun hat. Die Selbstlosen und Arglosen, die schlechterdings »Guten« bilden eine rare Ausnahme in der Welt der Interessen, Konkurrenzen und Aggressionen, eben deshalb muss er auf sie eingehen.[50] Von den anfangs »höllisch vernarrten« Eheleuten des »Alltäglichen Wunders« heißt es: »So was kommt bei Bauern nur ganz selten vor. Man kann schon eher sagen, gar nie.«[51] Am Schluss (nachdem die furchtbare Anfechtung durch die bloße Macht der Zeit und der Arbeit einfach verblasst ist) wird der glückliche Zusammenstand der Familie »wundergemütlich« genannt, als wäre er bei aller irdischen Gewöhnlichkeit doch nicht ganz von dieser Welt. Der Krieg ist nun auch im »Basl Marei« nicht ausgespart. Der Alte bangt um den Stiefsohn im Feld genauso, als wäre es ein eigener (weil es der ersehnte Hoferbe ist). Die bloße Furcht, er könnte ihn verlieren, bewirkt einen ähnlichen Verfall seines Lebensmuts wie in der »Ballade« des Peter Greiner (nur dass er dabei trinkt). Dass der Bub schließlich davonkommt, gilt hier als ein seltenes Glück (»Mag's auch wie ein rührendes Märchen klingen«). »Das sinnvollste Beispiel« aber und die Figur der Mutter überhaupt, die für Grafs Erzählkunst so wichtig wurde, ist gerade als ein »wehrloses, stummes Beispiel«[52] die stärkste Gestaltung, die der Erzähler (wie auch der Räsoneur und politisch engagierte Zeitgenosse) dem Krieg entgegenzusetzen hat. Sie liebt »den Frieden im Kleinen und im Großen«. Sie plädiert überall dafür, »sich einzurichten und zu vertragen«

---

[49] »Ein Denkmal für mein Basl Marei« (Graf: *Mitmenschen*. Berlin 1950, S. 12). Dieses »Denkmal« war der drittletzte Text, den der Autor 1933 noch in Deutschland veröffentlichen konnte.

[50] »Eine einzige Ausnahme« in der ganzen Pfarrei, die ansonsten aus hartgesottenen Egoisten besteht, das wird dem Basl von Anfang an nachgesagt (obgleich de facto mindestens in der grundlegenden Friedlichkeit ihre ganze Familie mit ihr übereinstimmt).

[51] Graf: *Kalendergeschichten I*, S. 281.

[52] Oskar Maria Graf: *An manchen Tagen*. München 1985, S. 368.

statt sich totzuschlagen oder zu erschießen.[53] Der Autor macht jetzt (vom Beginn seines Exils an) aus dieser unkorrumpierbaren Richtigkeit und Stetigkeit die überzeugendste Gegenposition zur Kriegstreiberei, und sucht eine solche ebenfalls im »Kleinen« wie im »Großen« aufzuspüren.[54] Dieser Ansatz überbietet jetzt noch die selbst erprobten und dazu erdachten Auswege aus dem Krieg, die er bis zum Weggang aus Deutschland vertreten hat.

Zurück zur Antriebskraft zum Geschichtenerzählen. Ein Faible für Wildheit und Tücke lässt sich dem Autor leicht andichten. Er kultiviert sie aber nicht für sich, nicht aus freien Stücken. Er nutzt diese Verständnisgaben und Gestaltungskünste, um sich mit dem Ballast von Destruktivität auseinanderzusetzen, der so fatal wirkt, aber historisch bedingt ist. Er verlegt ihn in die menschliche »Natur« und macht diese im gleichen Zug als eine Art »Unnatur« kenntlich. An einer düsteren Geschichte von 1922 lässt sich das ziemlich deutlich ablesen.

»Alle Dinge sind eitel.« Damit beginnt und endet die Erzählung »Michael Jürgert«.[55] »Eitel« heißt hier nicht nur: vergänglich in seiner Größe, Dauer und Bemühtheit, in sämtlichen Zielen, an die ein Mensch sein Leben setzen kann. Es heißt auch: rätselhaft, verschlossen, ohne einen erkennbaren Sinn. Der Erzähler reflektiert am Anfang, die Geschichte habe ihn »viele Male« angetrieben, »möglicherweise ein erklärendes Bild zu finden, einen Abschluß, eine befriedigende Lösung«. Das aber sei ihm nicht gelungen, so habe er es mit der »nackten Tatsächlichkeit« bewenden lassen müssen. Gerade in dieser Resistenz gegen einen zuschreibbaren »Sinn« ist es eine von Grafs starken Geschichten, wie ihm wohl bewusst war.[56]

---

[53] Ebd., S. 372, S. 374.
[54] Genauer: Er positioniert ihre Lebensleistung jenseits des »Wogengangs der Weltgeschehnisse« und mitten in »allem Hinundhergetrieb der Interessen«, ebd., S. 372.
[55] *Zur freundlichen Erinnerung*, S. 52–84.
[56] Drei Jahre nach der Veröffentlichung gab er sie der noblen, einigermaßen weltfrommen Zeitschrift *Der Gral* des allround beschlagenen Jesuiten Friedrich Muckermann zum Abdruck, etwas konsequenter bajuvarisiert, mit dem zünftigeren Namen und Titel »Joseph Hirneis«. 1927

Es ist die Geschichte einer Rache, die nahezu das gesamte Dorf ruiniert und das Leben des Rächers[57] vollständig ausfüllt und verzehrt. Michl oder Sepp gehört zu den ganz Armen, für die das Dorf die erforderliche minimale Fürsorge (im »Gemeindehaus«) und die entsprechende Geringschätzung aufbringt. Wie drastisch die Armut samt Verachtung den Heranwachsenden geprägt hat, wird noch viele Jahre später unterstrichen, als er in seinem prunkvoll gebauten Haus nicht von der einstigen »Dunkelheit« bei seiner Mutter im Gemeindehaus loskommt. Da der Vater Hab und Gut vertrunken hat (vermutlich ist er auch am Suff gestorben), ist der »versteckte und offene Spott«, den der Bub und spätere Knecht zu hören bekommt, auch noch mit der Moral der »ordentlichen« Leute, die alles beisammen halten, versetzt. Nach seinen Jugendjahren als Knecht erbt er, durch Vermittlung des Pfarrers, das kümmerlichste Anwesen des Dorfes von einem alten Häusler, der allgemein nur der »Letzte Mensch« hieß. Was in dieser patenten Bezeichnung alles steckt, kann oder soll man nach der einschlägigen Befassung damit[58] nicht aufdröseln, hier aber wird eine spezielle Bedeutung geliefert: Er ist sehr schlecht auf die Weiber zu sprechen. Die Geschichte wirkt so, als ob auch diese Erbschaft auf den Nachfolger übergegangen sei; er bleibt sein Lebtag radikal allein. Zum Gespött des Dorfes wird er durch eine ausgepichte Eselei: Als er von seinem Gesparten endlich wenigstens zwei Ferkel kaufen kann und, da die Tiere nach dem langen Heimweg im Sack[59] verdächtig still bleiben, just auf der Brücke über dem Dorfbach nachsehen will, ob sie noch leben, fällt ihm der Sack ins Wasser, ersäuft der Grundstock für eine neue Viehhaltung auf seinem Hof. »Das ganze

---

nahm er sie in dieser Form ungeniert in seine nächste Erzählsammlung (*Im Winkel des Lebens*) auf.
[57] Bei der Wiederveröffentlichung seiner wichtigsten Geschichten im *Großen Bauernspiegel* (1961) gab der Autor dieser den Titel »Der Rächer«. Auf seinem getippten Exemplar notierte er außerdem (für eine weitere Publikation?) die Titelvariante »Der Ferkelsepp rächt sich«, s. Pfanners *Bibliographie* Nr. 1684.
[58] Oskar Maria Graf: »Der Letzte Mensch will heiraten.« In: *Kalendergeschichten I*. Frankfurt a. M. 1986, S. 144–155.
[59] Dass ein »notiger« Wirtschafter auch kein zünftiges Fahrzeug hat, wurde schon vorher hämisch kommentiert, als er die »Habschaft« seiner Mutter auf einem Schubkarren in seinen Hof geholt hat.

Dorf lachte knisternd.« Schlimmer noch als der Spott (»Ferkelsepp« heißt er von jetzt an[60]) sind die Selbstvorwürfe: Für diesen neuerlichen Ruin kann er keinen anderen verantwortlich machen.[61] Kein Wunder, dass er sich danach verkriecht, »wie irr ins Leere glotzend«, so dass sein Zustand selbst den Dörflern (zwei Abgesandten, die nach ihm sehen müssen) »einen Augenblick Schweigen abzwingt«.

Zur Umwendung des Rachebedürfnisses nach außen rafft der um Einfälle selbst ausgefallener Art nie verlegende Autor zwei Zufälle zusammen: Michl erbt ein gewaltiges Vermögen (von einem längst in Amerika verschollenen Onkel), und die Eisenbahn wird mitten durch die Flur des Dorfes geführt. Sie entwertet also die schönsten Äcker, und dieser Schicksalsschlag führt dazu, dass die meisten Bauern weich werden und erst ihre Gründ, dann ihre ganzen Höfe dem einzigen Konkurrenten mit Kapital (den sie zuvor bei all seiner protzig aufgezogenen Viehwirtschaft hatten aushungern wollen, indem sie ihm keinen Fußbreit ihrer Felder preisgaben) verkaufen. Er bekommt Oberwasser, ohne es aber zu zeigen.[62] Er gibt sich kulant, lässt die Verlierer auf unbestimmte Zeit, sogar ohne Miete, in ihren Gehöften wohnen, aber er hat sie in der Hand, er kann sie vertreiben, wann er will. Er jagt sie »in die Mausfalln«, wie der einzige unnachgiebige Bauer voraussagt (er ahnt nicht, wie viel weitergehend noch er damit Recht hat). Im Schmiedhaus, das er auch aufgekauft hat, können sie die reichlich bemessenen Erlöse für ihre Höfe verzehren, aber: »Vom Schmiedhaus ist gar nicht mehr weit ins Gemeindehaus«. Die Äcker lässt er zentral durch sein Gesinde bewirtschaften, doch ohne das gewohnte Leben von den unterschiedlichen Höfen aus macht das Dorf den Eindruck, dass

---

[60] In der zweiten Fassung; »Ferkelmichl« wäre nicht gegangen. Dafür heißt sein protziges Haus die »Ferkelburg«.

[61] Nicht einmal den Bürgermeister, seinen früheren Dienstherrn, der ihm die Angst um die so unfachmännisch abtransportierten Ferkel erst in den Kopf gesetzt hat, und zwar mit einem »hämischen Lachen«, das »die Luft auseinander schnitt«.

[62] Außer in ganz geringfügigen, Graf-typischen körperlichen Anzeichen, die hier von keinem (als höchstens den aufmerksamen Lesern) beachtet werden, etwa: Er »hob rasch den Kopf und lächelte schmal«.

alles wie tot daliegt.⁶³ Michl geht es nicht um den Ertrag, er will »G'richt halten!« Den Clou seiner Rache richtet er nicht mehr gegen das ganze Dorf, das ihn dermaßen klein gehalten und verhöhnt hat. Er entnimmt den »Urkunden« der nun erworbenen Höfe, dass der ehrenwerte Bürgermeister seinen Hof (in dem er jahrelang als Knecht gedient hat) dem alten Jürgert/Hirneis »abgekauft« und ihn damit erst ans Saufen gebracht hat.⁶⁴ So lässt er, selbst »alt und verfallen«, das Schmiedhaus, die Bleibe des alten Ex-Bürgermeisters, in die Luft fliegen,⁶⁵ mit zusammengestohlenem Pulver vom Bahnbau und durch einen ebenso geschickten wie undurchsichtigen, ihm treu ergebenen Italiener. Sowie er die Explosion vernimmt, erhängt er sich – »endlich«, wie er innerlich hinzusetzen würde und wie der Leser bei unbedachtem Nachvollzug der Geschichte leicht räsonieren könnte.

Vom Krieg, wie gesagt, ist nicht die Rede in dieser Geschichte. Die Zeit verfließt ruhig (sogar »schweigend«); selbst über die Einwirkungen von außen, die Erbschaft, den Eisenbahnbau,

---

[63] So der mahnende Pfarrer, der aber lediglich einen der Höfe für ein Kloster haben möchte.

[64] Diese Machenschaften aus der Vergangenheit werden in Michls Sinn zu einem todeswürdigen Verbrechen, taugen dazu aber nur, wenn sie im Dunkeln bleiben. Aus solchen Verstrickungen hat Graf in der gleichen Phase, in der er seine Erzählkunst der sozialen Drastik ausgebildet hat, ganze »Schicksals«erzählungen jeweils mit einem Fundus von kaum auflösbarer geschichtlicher Belastung gestaltet (*Die Traumdeuter*; *Die Heimsuchung*; »Triumph der Gerechten« in *Kalendergeschichten I*) und auch die eigene Familiengeschichte damit bedeutungsschwerer gemacht (*Die Chronik von Flechting*). In »Michael Jürgert« wird nur der Pfarrer (der die Vorgeschichte kennen muss) »plötzlich« blass, woraus der Autor in »Joseph Hirneis« macht: »aus einem Grund, den man nie sagen kann«. Bei der Neubearbeitung der Geschichte in den fünfziger Jahren nimmt Graf die Auflösung vorweg; ein altes Weib erzählt es »weiberherzlich« dem Buben, als er sieben oder acht Jahre alt ist. Die »Finsternis« wird dadurch ins Verständliche aufgehellt, die Geschichte selbst aber wird matter. Als eigentümliche Verstärkung kommt hier hinzu, dass der Vater, volltrunken, im gleichen Dorfbach ertrunken ist, in dem Sepp dann seine Ferkel einbüßt (*Der Bauernspiegel*. München 1982, S. 92f.).

[65] Nur der eine Bauer, der einst zum Auskaufen seines Vaters das Geld geliehen hat und der sich jetzt weigert, seinen Hof zu verkaufen, entkommt zu Michls Leidwesen seiner Rache. Wie zur Kompensation hat er dafür gesorgt, dass es seinen ersten Dienstherrn (mit Familie) ebenfalls trifft.

schließt sich der (angebliche) Dorffrieden wieder. In den Menschen aber, im Innern des malträtierten und zurückschlagenden Titelhelden, in der Monomanie, mit der er sein Leben, den ihm zugefallenen Reichtum, sein ganzes Dorf (wenigstens in seiner früheren Lebendigkeit und Produktivität) einem einzigen Trieb aufopfert, wütet eine eigene Art von »Krieg«. Die Summe ist nur in der Oberfläche, nur in der geruhsameren erzählerischen Ausgestaltung anders als die Lebenssumme des Vagabunden in *Einer gegen alle*: »Krieg aus, Friede überdrüssig«.[66]

---

[66] Oskar Maria Graf: *Der harte Handel. Einer gegen alle*. Frankfurt a. M. 1982, S. 306.

Ulrich Dittmann
Oskar Maria Grafs Appell »Verbrennt mich!« im Kontext seiner Zeit

Eine laute und saftige Autochthonenerscheinung mit breiten Schultern und Freude an Protesten, Versammlungen, Dichterpreisen, Volksliedern und Gelagen«[1] – so charakterisieren die *Simplicissimus*-Redakteure Peter Scher und Hermann Sinsheimer in ihrem *Buch von München* Oskar Maria Graf. Dass er sich für sie »von Stufe zu Stufe aus einem Bäcker« zu einem »Dichter« entwickelte, erscheint angesichts der damaligen Abwertung der Begriffe Literatur und Schriftsteller gegenüber Dichter und Dichtung wie eine Nobilitierung; denn in seinem Äußeren widersprach Graf wie kaum ein anderer dem vom George-Kreis und Rilke geprägten Dichterbild. Dennoch gehört er mit einer der seltenen Porträtskizzen in dem zitierten München-Buch zur Prominenz in der Stadtkultur: Sein Name steht mit den zitierten Erläuterungen auf der von den Gebrüdern Mann eingeleiteten »Ehrentafel der Münchner Künstler und Schriftsteller«.

Hier kann man Sinsheimer und Scher zustimmen. Bei ihrer Bemerkung zur politischen Prominenz dagegen haben sie sich geirrt. Hitler erklären sie 1928 in ihrer Einleitung beiläufig zu »einer Saisonerscheinung«, er »war (denn er ›ist‹ kaum noch)«; er ist »nur noch ein historisches Exkrement«.[2]

Leider täuschte diese Erwartung die beiden Redakteure der angesehenen Zeitschrift! Als der aus dem »Exkrement« wiedererstandene »Führer« fünf Jahre später an die Macht kam, verließ der »Autochthone«, d.h. der als Ureinwohner Münchens bezeichnete »Dichter«, seine Heimatstadt, die Wert darauf legte, eine »Kunststadt« zu sein; Grafs gebrochenes Verhältnis zu diesem Selbstverständnis mag ihm zum Platz auf der »Ehrenliste« verholfen haben. Seine Satiren auf München verschafften ihm jedoch eher eine Außenseiterrolle in dem – nach Thomas

---

[1] Peter Scher, Hermann Sinsheimer: *Das Buch von München. Was nicht im »Baedeker« steht.* Band III. München 1928, S. 68.
[2] Ebd., S. 1.

Mann – »durch antisemitischen Nationalismus« und »finstere Dummheiten«[3] vergifteten Münchner Klima.

Nachdem die Politik seiner Sonderrolle als »lautester Dichter Münchens« ein plötzliches Ende gesetzt hatte, entwickelte sich Oskar Maria Graf zum exemplarischen Exilanten und auch zu einem der aktivsten Kritiker des Nationalsozialismus, der in Wien bald zur Zentralfigur unter den »antihitlerischen Geistigen« wurde, als die er seine Freunde zusammenfasst. Während seines Wiener Jahres agitierte er fast an jedem dritten Abend – auch in anderen österreichischen Städten – mit Lesungen und Vorträgen gegen die Nazis. In den USA setzte er das fort, dazu unternahm er viel für die vertriebenen Kollegen. Den Anfang der Aktionen bildete der individuelle, in seinen Wirkungen aber singuläre und weitreichende Protest. Graf richtete aus Wien einen spontanen Appell an Hitlers Vasallen: »Verbrennt mich!« Der Biograph Gerhard Bauer vermutet, es sei Grafs »meistgelesenes ›Werk‹«[4], sicher ist es der jeweils Anfang Mai am meisten vor-gelesene und erwähnte Text. Um dessen Vorgeschichte, Form und Begleittexte soll es im Folgenden gehen.

In welcher Form hat sich ein kritischer Autor in München, dem Mekka der Gegenrevolution, zur Hitlerbewegung geäußert und dabei nicht nur eine derart direkte Beschimpfung, sondern auch so irrtümliche Voraussagen wie die von Sinsheimer/Scher vermieden? Was ließ in Titel und Untertitel zu seinem *Notizbuch des Provinzschriftstellers 1932* die noch verhaltene Vorahnung einfließen, im Folgejahr dürfe er nicht mehr so schreiben wie zuvor? Das heißt, es geht mir um Grafs literarische Formen als Widerstand, als Zeugnis gegen die »Bewegung«, die München ergriff und deren Vertreter ihn dort schon während der zwanziger Jahre konkret bedrohten.

Seit er sich 1914, also zu dem Datum, auf das die Nazis sich

---

[3] Wolfgang von Weber (Hrsg.): *Der Zwiebelfisch* 20. Jg. (1926/27) Heft 1. »München als Kunst- und Kulturstadt«, S. 3. Oskar Maria Graf erinnert in diesem Heft S. 17 f. an seine bisher unbeantwortete Anregung zu einem Münchner Dichterpreis. 1926 erschien von ihm auch im *Simplicissimus* eine Glosse »München geht unter!« Es geht darin ebenfalls um die Kunststadt.

[4] Gerhard Bauer: *Oskar Maria Graf. Ein rücksichtslos gelebtes Leben*. München 1994, S. 244.

beriefen und an das sie 1933 anknüpfen wollten, der allgemeinen Kriegsbegeisterung verweigerte, gehörte Graf automatisch zu ihrer Gegenfront: Der »kommunistische Literat« hatte sich »selber als Kriegsdienstverweigerer bezeichnet«, wie die ab 1936 erscheinende Neuauflage von Meyers Lexikon stigmatisierend vermerkt. Andererseits hat Thomas Mann nach der Lektüre von *Frühzeit*, dem 1922 erschienenen ersten Teil des *Gefangenen*-Buches bewundert, dass Graf »als einzelner der ganzen Militärmaschine« widerstehen und diesen Widerstand auch humorvoll beschreiben konnte, ohne in Tendenzliteratur zu verfallen.

Seine Biographie hatte ihm also konträre Sympathien beschert und ihn zusammen mit einer Gruppe pazifistischer, später antifaschistischer Autoren zur NS-Gegnerschaft prädestiniert. In München galten sie nach der Revolution als die »Novemberverbrecher«, deren »Kampfleistung« Graf später feierte und die er absetzt von jenen Autoren, die »sich gewissermaßen ›auf das Ewige‹« verlegten, die »religiös und mystisch« wurden und damit glaubten »sich gegen jede gesellschaftliche Erschütterung schützen zu können«.[5] Dieser von den Literaten propagierte neue Idealismus verschärfte seine schon erwähnte Sonderstellung: Dem Sinn für eine neue Klassik standen seine soziale Thematik und die zeitnah verarbeitete, politisch ambivalente Rolle in der Revolutionszeit entgegen. Damit provozierte er auch das Publikum der auf eine zeitferne Programmatik fixierten Schriftstellerkollegen. Hatte er ein *Bekenntnis aus diesem Jahrzehnt* verfasst, so griffen die Zeitgenossen auf Vorkriegsgedanken zurück: Das *Münchner Dichterbuch* berief sich noch 1928 auf Stefan Georges Preis der »stadt von volk und jugend« von 1907 und auf das Stadtlob Thomas Manns, für den sich jedoch schon 1923 die »gemütliche« zur »Stadt Hitlers« gewandelt hatte. Gegen die Art, in der sich seine Kollegen neoklassisch und zeitfern kostümierten, erspielte sich Graf die Rolle des »Provinzschriftstellers« und baute seine »charakteristische Maskerade als naiver Bauerntölpel« aus.[6] Er arbeitete im »Jungmünchner

---

[5] Oskar Maria Graf: »Die Kampfleistung der deutschen antifaschistischen Schriftsteller.« In: Ders.: *Reden und Aufsätze aus dem Exil*. Hrsg. von Helmut F. Pfanner. München 1989, S. 178–190, hier S. 178.

[6] Georg Bollenbeck: *Oskar Maria Graf mit Selbstzeugnissen und Bilddokumenten dargestellt*. Reinbek bei Hamburg 1985, S. 61.

Kulturbund« konkret politisch mit und legte 1930 »absolut keinen Wert darauf, beim offiziellen München bekannt zu sein«[7]. Neben sozialkritischen Erzählungen schrieb er – auch am »Ulk« und »Bluff«[8] der Dadaisten orientiert – humorige Dialektgeschichten, unter die schon 1924 Texte mit vielen kritischen Anspielungen auf die Hitlerbewegung und den Antisemitismus des bayrischen Volkes gemischt sind. So steigert ein Gepäckträger seine Beschimpfung des »norddaitschen Fraunzimmers«, das zu wenig Trinkgeld zahlt, zur »pollisch Jidin« und schlussfolgert: »Ganz rächt hot er, der Hitler ...! Mir braucha an Diktata, der wo richti ausraamt ...«[9] Die Steigerung der hierzulande generell abgelehnten Norddeutschen über die Polin zur Jüdin gehörte zu den topischen Redefiguren der Region, die sich ganz mechanisch abspulten – hier aber eben mit antisemitischen Seitenhieben auch die drohende Zeitstimmung ankündigten. Sie reagierten seit Anfang der zwanziger Jahre auf die an der Räteregierung beteiligten Juden und steigerten ein lang schwelendes Vorurteil bis zum Ausbruch.

Hitler tritt in Grafs frühen Texten selbst nicht auf, indem aber ebenso wie militärische auch antisemitische Themen wiederholt zum Gegenstand der Figurenrede werden, aktiviert er durch die satirische Entlarvung seine Leser auf zweifache Weise: Graf zeigt die Grenzen des politischen Verstehens bei dem von den Nazis gefeierten »gesunden Landvolk«, auf und holt Inhalte der hohen Politik – hier die propagandistisch behauptete, an 1914 anschließende Einheit von Volk und Führer – auf eine Alltagsebene herab, auf der sie lächerlich wirken.

Statt durch Kommentare vermittelt sich sein kritisches Anliegen dem Leser mit Dialogen oder dem Plot, die Entwicklung etwa eines wichtigtuerischen »Helden«, der als Träger Eiserner Kreuze beider Klassen aus dem Weltkrieg kam, am Schluss seiner Geschichte aber wegen seiner sturen Arroganz im Ge-

---

[7] Brief an Hans Ludwig Held v. 18.3.1930. In: *Oskar Maria Graf in seinen Briefen*. Hrsg. von Gerhard Bauer und Helmut F. Pfanner. München 1984, S. 55.
[8] Vgl. Graf: »Die Kampfleistung der deutschen antifaschistischen Schriftsteller«, S. 180.
[9] Oskar Maria Graf: *Bayrisches Lesebücherl. Weißblaue Kulturbilder*. Mit einem Nachwort von Ulrich Dittmann. München 2009, S. 19.

fängnis landet. Neben dieser zieht eine weitere Erzählung im *Lesebücherl* über die für Bayern besonders typischen dörflichen Kriegerdenkmals-Enthüllungen die Mythisierung des Ersten Weltkriegs ins Lächerliche.[10] Seine Kritik an den Nazis baut auf seinem biographisch begründeten und international gründenden Pazifismus auf, der quer stand zu den Themen der Heimatkunstbewegung, die in die Blut-und-Boden-Literatur mündete.

Auf ein derartiges Verlachen ihrer Ideale reagierten die Träger der neuen Mythen zunächst kaum; selbst Hans Johst akzeptierte Graf als Spezialist für ländliche Stoffe.[11]

Weitere politische Erzählungen mit Titeln wie »Inflation« und »Politik« sind scheinbar ganz anspruchslos unter »Liebschaften« und »Volksbelustigungen« gemischt, die dem *Bayrischen Lesebücherl* große Resonanz sicherten. Die politischen Themen wurden ebenso wie die harmlosen Stoffe verlacht. Graf dosierte: Unter dem Deckmantel eines typisch bairischen Humors liefert er aktuelle politische Beispiele dem Spott seiner Landsleute aus.

In seinem Essay »Der Autor als Produzent« hat Walter Benjamin ein solches Schreiben als zeittypisch eingeschätzt, sofern man die kritischeren Geister betrachtet: »Nur nebenbei sei angemerkt, daß es fürs Denken gar keinen besseren Start gibt als das Lachen. Und insbesondere bietet die Erschütterung des Zwerchfells dem Gedanken bessere Chancen als die der Seele.«[12]

Das heißt, in seinem Erzählen agitiert Graf nicht, er schreibt keine Tendenzliteratur. An den *Kalendergeschichten* von 1929 – einer eigentlich didaktisch ausgerichteten Erzählgattung – hob Walter Benjamin hervor, dass sie neben genauer Beobachtung ein Appell an den Leser auszeichnet: Er soll ihnen »den ›Sinn‹ wie einen Bettelpfennig«[13] zustecken. Benjamin erkannte die Leseraktivierung, zu deren Gunsten Graf bewusst auf Didaxe verzichtet, die als eigentliches Gattungsmerkmal sehr viel stärker

---

[10] Vgl. Graf: *Bayrisches Lesebücherl*, S. 36–39 und S. 54–57.
[11] Vgl. Bollenbeck: *Oskar Maria Graf*, S. 96.
[12] Walter Benjamin: »Der Autor als Produzent«[1934]. In: Ders.: *Gesammelte Schriften*. Band 2. Hrsg. von Rolf Tiedemann und Hermann Schweppenhäuser. Frankfurt 1977, S. 683–701, hier S. 699.
[13] Walter Benjamin: *Oskar Maria Graf als Erzähler* [1931]. In: Ders.: *Gesammelte Schriften*. Band 3. Hrsg. von Rolf Tiedemann und Hermann Schweppenhäuser. Frankfurt 1977, S. 309–311, hier S. 309.

in den von Bert Brecht 1947 gesammelten *Kalendergeschichten* zu finden ist.

Andererseits gibt es bei Graf kein augenzwinkerndes Einverständnis der Ironie über die Köpfe seiner Figuren hinweg. Weil er sich auf das Geschehen konzentriert und auf Überzeichnungen verzichtet, ergeben sich für den Leser kritische Einsichten.

Weil es mir auf das literarische Niveau und auch die Erzählstrategie ankommt, die diese Geschichten prägen, zwei Beispiele dafür: In den *Kalendergeschichten* schildert Graf das Ende der Rätezeit in einem Dorf unter dem scheinbar offenen Titel »Auffassung freibleibend«[14]. Den Dorfkonditor, der verdächtige Künstler aus der Stadt bewirtet hatte, richten die schießwütigen Freikorpssoldaten als angebliche Sympathisanten der Roten kurzerhand hin. Die schlüssig aufgebaute Handlung endet mit den Kommentaren zweier Dorfbewohner: »Mit dö Rotn host redn kinna« und »Um Gottswilln hilf ja koan! ... Schon in der Stund drauf is er imstand und bringt di selba um«. Einerseits deutet der Erzähler – wenn man weit genug denkt – mit dem Vergleich zwischen Revolutionären und weißen Truppen eine klare Entscheidung für das Reden, im weitesten Sinne für die in die Kritik geratene Demokratie, an. Andererseits macht der resignative Schluss den Verlust des Grundvertrauens deutlich, auf dem jede Dorfgemeinschaft gründet. Die im Titel benannte »Auffassung« bleibt also kaum frei, mit seinem dialektischen Schluss provoziert der Autor zum Widerspruch, mindestens zum Nachdenken.

Das zweite Beispiel arbeitet ähnlich dialektisch, wenn auch noch indirekter: 1931 veröffentlicht Graf in der *Jugend*, dem eigentlich unpolitischen Konkurrenzblatt zum *Simplicissimus*, seine Erzählung »Ein Sohn Davids«[15], die auf der Argumentation eines Lehrers gegen die Simultanschule aufbaut. Gegen die Hänseleien seiner durchweg katholischen Schulkameraden, der »Jidd« sei feige, beweist darin ein kleiner Judenjunge seinen Mut dadurch, dass er am Blitzableiter den Kirchturm erklettert und

---

[14] Oskar Maria Graf: *Kalendergeschichten I. Geschichten vom Land*. Werkausgabe XI/2. Hrsg. von W.F. Schoeller. Frankfurt 1986, S. 156–171.

[15] Oskar Maria Graf: *Ein Sohn Davids*. In: Ders.: *Erzählungen aus der Weimarer Republik*. Werkausgabe XI,1. Frankfurt 1988, S. 495–502.

tödlich abstürzt. Graf lässt mit diesem Vorfall den Lehrer seine Ablehnung der sogenannten »Simultanschule« begründen; denn einmal könne man die Religion nicht abschaffen, und dann könnten selbst »noch so menschlich verständige, unfanatische, behutsame Religionslehrer« nichts für die Toleranz unter den Schülern ausrichten. Beiläufig klingt eine zentrale Nazi-Vokabel an, wenn von den »unfanatischen« Lehrern die Rede ist. Gegen den Vorwurf einer landläufigen Spielart des Antisemitismus wehrt sich der Lehrer, er sei kein Antisemit, gesteht dann aber doch ein, dass bei den Vorbereitungen zur Kommunion über den »von Juden gekreuzigten Heiland« geredet worden sei. – In Parenthese sei ergänzt, dass die katholische Kirche, voran Kardinal Faulhaber, gegen die Simultanschule agitierte. Schon zehn Jahre vor Erscheinen der Erzählung hatte das Thema auch zum Sturz des bayrischen SPD-Ministerpräsidenten Hoffman, eines vehementen Verfechters der Simultan-schule, beigetragen.

Wie gekonnt im letzten Text die Erzählung des Lehrers und sein Dialog mit dem rückfragenden Erzähler verzahnt sind, muss man selber nachlesen. Mir ging es – und damit seien die Paraphrasen gerechtfertigt – nur darum zu zeigen, dass Graf lange vor 1933 die für die Nazis zentralen Themen aufgriff und gezielt, wenn auch indirekt zur Debatte stellte, obwohl eine solche in Fragen der Einheit von Volk und Führer, der Novemberverbrecher und der Juden längst durch die Macht abgeschlossen erschien.

Meine Beispiele habe ich auch unter dem Aspekt ausgewählt, die begrenzte Sicht der NS-Zensoren aufzuzeigen: Wer derart von den Siegern über die Revolution erzählt bzw. die Frage nach dem Antisemitismus erörtern konnte, dessen Werk hätte eigentlich aufgrund der für viele Leser einsehbaren Subtilität »verbrannt« werden müssen, aber gerade seine *Kalendergeschichten* wollten die Pyromanen verschonen. Wie oben erwähnt, lobte Hans Johst deren »geistige Tragik und erdige Gebundenheit«.

Andererseits bieten sich die Graf-Geschichten an als Beispiele für Brechts Exil-Poetik: dass »in jedem Ding und jedem Zustand«, die geschildert werden, »ein Widerspruch sich meldet«, und dieser Widerspruch »den Siegern entgegengehalten werden muß«.[16]

---

[16] Bertolt Brecht: *Fünf Schwierigkeiten beim Schreiben der Wahrheit*

In der Zeit »der langsam absterbenden Weimarer Republik«[17] hatte Graf beim *Notizbuch des Provinzschriftstellers Oskar Maria Graf 1932*[18] selbst schon ganz bewusst die Jahreszahl in den Titel gesetzt und in einer Vorbemerkung kommentiert: Er war nicht »ganz sicher, ob er in den nächsten Jahren noch die gleiche Meinung haben wird, oder eine solche überhaupt noch haben darf«; selbst das Erscheinungsdatum erhält bei ihm einen politischen Akzent! Zwar liefert dieses »Notizbuch« im wesentlichen Reflexionen auf sein ironisch gebrochenes Selbstverständnis: »Mit der Literatur hab' ich es nicht.« Vor allem aber setzt er sich ein weiteres Mal ab von den Kollegen: »klassisch, was so viel heißt wie – du langweilst dich zu Tode«.

Mit unverblümter Namensnennung distanziert er sich von einem Kulturbetrieb, den zunehmend Kriegsverklärungen und »die ganze Makulatur vom ›dritten Reich‹«[19] bestimmten. Das heißt, schon vor seinem Weg ins Exil signalisiert er seinen Abstand zu den literarisch dominierenden Zeitgenossen und verweist auf die politischen Drohungen, mit denen ihn ganz praktisch damals die Nazis verfolgten.

Dass er sich eingebunden fühlte in die Gruppe der »Novemberverbrecher«, die für ihn die wahren Antifaschisten bildeten, hat ihm den Neuanfang erleichtert. Nach dem Gang ins Exil blieb ihm »das Herzasthma des Exils« erspart, von dem Thomas Mann einmal im Rückblick spricht und das viele seiner politisch ungebundenen Kollegen mundtot machte. Graf hatte nie mehr so viele öffentliche Auftritte wie in seinem Wiener Jahr 1933/34; der Anfang des Exils war bei ihm nicht von der Sprachlosigkeit überschattet, mit der man wohl am ehesten die Passivität anderer verbrannter Exilautoren entschuldigt.

Mit dem Exil ändern sich aber Diktion und Redeform in seinen

[1935]. In: Ders.: *Gesammelte Werke*. Band 18. Frankfurt a.M. 1967, S. 222–239, hier S. 237.
[17] Vgl. Graf: *Die Kampfleistung der deutschen antifaschistischen Schriftsteller*, S. 189.
[18] Oskar Maria Graf: *Notizbuch des Provinzschriftstellers Oskar Maria Graf 1932*. Mit dem Nachdruck einer Erzählung Grafs aus dem *Simplicissimus* von 1926 und einem Nachwort von Ulrich Dittmann. München 2011, S. 7, S. 147 und S. 142.
[19] *Notizbuch des Provinzschriftstellers Oskar Maria Graf 1932*, S. 149.

fiktiven wie diskursiven Texten, ohne allerdings der Tendenz zu verfallen: Er bleibt sich literarischer Indirektheit bewusst, auch wenn das Motto der von ihm mit Anna Seghers und Wieland Herzfelde ab 1933 herausgegebenen *Neuen deutschen Blätter*: »Wer schreibt, handelt«, sehr plakativ klingt und die Grenze zum Agitprop zu überschreiten scheint. Das sei an einem weiteren Beispiel demonstriert: Noch vor der Bücherverbrennung, die den berühmten Appell auslöste, erschien eine knappe Erzählung »Hitler in Bayern«[20], die satirisch einsetzt, aber absurd endet: Die Herrgottschnitzer von Oberammergau haben ihre Serienproduktion von Kruzifixen auf Hitlerköpfe umgestellt. Weil ein Kunde einen energischeren Gesichtsausdruck wünscht, nimmt sich ein Schnitzer den Kopf in dem gewünschten Format noch einmal vor, hält aber nach einigen Schnitten jäh inne und flucht: »Herrgottsakrament, Sakrament! Jetzt lacht er, der Hundskrippi!« Das steht – angesichts von Hitlers Physiognomie – einerseits nahe bei dem absurden Humor Karl Valentins, wie ihn Graf bestimmte, andererseits erinnert die Pointe an Heinrich Manns Diktum: »Am Hass würde man ersticken, könnte man nicht lachen.«[21]

Wie ein Motto könnte dieser Satz auch über den Auftritten Grafs in Wien und seinen Beiträgen zu diversen Journalen dort stehen. Der zur Reflexion anregende Humor, das Erzählen von lächerlichen Ereignissen der NS-Herrschaft war die eine, bis 1933 gepflegte Seite von Grafs politischem Schreiben. Im Exil ändert er seine Strategie.

Auf einen seriös-aggressiven Ton gestimmt, aber vergleichbar einfallsreich wie die absurde Geschichte, erscheint, um endlich zum Text meines Titels zu kommen, der bisher nur gestreifte Appell »Verbrennt mich!«. Am 12. Mai 1933 stand er auf der Titelseite der Wiener *Arbeiter-Zeitung*, dem »Zentralorgan der Sozialdemokratie Deutschösterreichs«, und bildete eine Gegenstimme zu dem rahmenden Bericht der Redaktion »Die deutsche Literatur auf dem Scheiterhaufen«, der mit der Bücherverbren-

---

[20] *Die neue Weltbühne* 2. Jg. Nr. 15 (13.4.1933), S. 465.
[21] Gerhard Bauer: *Brandspuren und andere Schäden*. In: *Verfemt und Verboten. Vorgeschichte und Folgen der Bücherverbrennungen 1933*. Hrsg. von Julius H. Schoeps und Werner Treß. Hildesheim u. a. 2010, S. 239.

nung »die geistige Grundlage der Novemberrepublik zu Boden« gehen sieht.

Graf wählt eine Art paradoxer Intervention, mit der Psychologen erstarrte Verhaltensschemata zu durchbrechen versuchen. Wie wenig aber die Nazis damit anzufangen verstanden, zeigt einerseits die *Münchner Zeitung*, die am 2. Juni 1933 aus dem offenen Brief zitierte, und andererseits die *Bayrische Hochschulzeitung*, die nach kurzer Notiz schließt: »Hinein mit ihm ins Feuer!« Imperative gehörten als Kommandos zu der generell manipulativen NS-Sprache und wurden befolgt; dass hier jemand – wie Gerhard Bauer in einem Vortrag ausführt – »die Opferhaltung gegenüber dieser Barbarei« sprengte, indem er das Stakkato der NS-Kommandos in seinen mit lauter Realien auftrumpfenden, variablen Stil umformte, dass er seine Rezeption als Missverständnis zurückwies und die literarische Kompetenz der Verbrenner anzweifelte, dass er sich selbst als fiktives Opfer anbot, blieb unverstanden, es überforderte die Adressaten. Die Zeitung versprach mit angemaßter und stumpfer Herablassung eine Verbrennung, über deren tatsächliche Durchführung jedoch Unklarheit besteht.

Nach Gerhard Sauders grundlegender Studie über die Bücherverbrennung hielt »kein anderer Text eines deutschen Exilschriftstellers [...] die Erinnerung an die Verbrennung [...] so intensiv wach wie Grafs ›Protest‹«; er gilt als »klassischer« Text und muss »an erster Stelle genannt werden«.[22] Und dass obwohl er so paradox formuliert wurde und auch noch auf einer Falschmeldung des *Börsencouriers* beruht, denn die maßgebliche »schwarze Liste« des Wolfgang Hermann hatte von Graf »alles« bis auf die *Kalendergeschichten* und *Wunderbare Menschen* zur Verbrennung bestimmt.[23]

Was bedingt dennoch die besondere Qualität, den dokumentarischen Rang dieses offenen Briefs? Sie gründen nicht nur auf der statistischen Alleinstellung, sondern vor allem auf der Sprache, wie dies am prominentesten Bert Brechts Reaktion zeigt. Er reagierte auf Grafs Aktion mit dem Gedicht »Die Bücher-

---

[22] *Die Bücherverbrennung. Zum 10. Mai 1933.* Hrsg. von Gerhard Sauder. München 1983, S. 283–287.
[23] Vgl. *Die Bücherverbrennung. Zum 10. Mai 1933*, S. 123.

verbrennung« für den Deutschen Freiheitssender, das er später in die »Deutschen Satiren« der Svendborger Gedichte aufnahm. Brecht spitzt Grafs Aussage zu:

> »[...] Habe ich nicht
> Immer die Wahrheit berichtet in meinen Büchern? Und jetzt
> Werd ich von euch wie ein Lügner behandelt! Ich befehle euch:
> Verbrennt mich!«[24]

Damit interpretiert Brecht den Appell. Was aber wie eine Einschränkung auf die moralische Dimension erscheint, dass Brecht von Wahrheit und Lüge spricht, steht vor einem weiten Horizont. Schon die Formulierung vom »schädlichen Wissen«, das Wahrheit transportiert im Gegensatz zur Lüge der vom NS-Regime tolerierten Bücher, lässt aufhorchen. Während sonst im Bereich politischer Lyrik Intertextualität vor allem durch Kontrafakturen, das heißt durch Gegengesänge, bezeugt ist, liegt hier die Zuspitzung einer politischen Aussage vor, die eine singuläre lyrische Interpretation liefert: Brecht hat sich etwa in der Entstehungszeit des Gedichts mit den »Schwierigkeiten beim Schreiben der Wahrheit«[25] beschäftigt, einer Art Exil-Poetik, aus der ich schon zitierte, als es um Grafs Erzählstrategie ging, und auf die ich noch zu sprechen komme.

Ich möchte in diesem Rahmen nicht näher auf Strukturfragen des Grafschen Textes eingehen, halte aber doch die Rhetorik für erwähnenswert: Vom Titel mit der Aufforderung, ihn zu verbrennen, weitet sich der Text zum abschließenden Kommando: »Verbrennt die Werke des deutschen Geistes!« Die Adressaten, zunächst als »neues Regime« angesprochen, werden über »das neue Deutschland« und »das dritte Reich« am Schluss zu »braunen Mordbanden« gesteigert Die ihm angetane »Schmach«, nicht auf der Verbrennungsliste zu stehen, beantwortet zunächst die freigestellte Zeile: »Diese Unehre habe ich nicht verdient!«, und kehrt sich am Schluss gegen seine Adressaten, die als Konsequenz ihrer Verbrennungen den NS-Staat schmähen. Der Text vollzieht eine argumentative Umkehr: Die mir angetane Schmach fällt auf euch zurück.

---

[24] Bertolt Brecht: *Die Bücherverbrennung*. In: Ders.: *Gesammelte Werke*. Band 9. Frankfurt a. M. 1967, S. 694.
[25] Vgl. Brecht: *Fünf Schwierigkeiten beim Schreiben der Wahrheit*, S. 237.

Es gäbe noch mehr Details zur Wortökonomie zu beobachten, die das Pathos dosieren und von der Monotonie der NS-Rhetorik absetzen. Statt das auszuführen, empfehle ich den Vergleich mit dem relativ unbemerkt gebliebenen Schreiben von Ernst Toller, auch einem der verbrannten »Novemberverbrecher«, der von Graf wegen seines Pathos allerdings distanziert betrachtet wurde. Toller schrieb an »Herrn Goebbels« auch im Mai 1933. Der Brief erschien gleichzeitig in einer Prager Zeitschrift und in dem wichtigen »Braunbuch über Reichstagsbrand und Hitlerterror«.

Ich erwähne diesen zu Recht nur wenig bekannten Brief entsprechend meinem Ziel, Grafs literarisches Niveau, seine besondere Strategie aufzuzeigen. Nicht allein das Faktum des Protestes, sondern primär der Stil, in dem er formuliert ist, sorgt für sein von der Rezeption klar bestätigtes historisches Gewicht. Tollers Wiederholungsrhetorik, seine Beschwörung des Glaubens an »Wahrheit«, »Menschlichkeit« und »soziale Gerechtigkeit«, erinnert formal an die hämmernden Wiederholungen der Feuersprüche. Das heißt, er argumentiert auf der Stufe der Gegner und fällt damit unter das Niveau von Grafs Rhetorik. Gegenüber den großen Namen aus der deutschen Tradition, die Toller aufbietet und für sich reklamiert, stellt allein schon Grafs Einsatz klar, dass es um aktuelle Solidarität in einer politischen Aktion geht. Außerdem wird klar, an wen sich sein Protest neben den expliziten Adressaten noch wendet: Sein ICH bezieht in der Aktualität einer von vielen geteilten Situation spontan Stellung für eine ganze Gruppe. Er »sprengt die Opferhaltung gegenüber dieser Barbarei und verleiht dem an sich schwachen Mittel der nur verbalen Anklage die Festigkeit und den Hall des rechten Wortes zur richtigen Zeit«, schreibt Gerhard Bauer.[26]

Das heißt, es geht bei Texten neben dem verbindenden Anliegen um die im Literaturverständnis der Weimarer Zeit programmatische Tatsächlichkeit und sprachliche Konsistenz, mit der man auf die Nazis antwortete und dafür dann auch die Resonanz fand, wie der in mehr als 60 Zeitungen abgedruckte und zum gültigen Zeugnis erklärte Brief Grafs.

In Parenthese sei auf die viel sagende Wirkungsgeschichte hin-

---

[26] Vgl. Bauer: *Brandspuren und andere Schäden*, S. 236.

gewiesen. Graf selbst hat sich später wiederholt auf den Appell bezogen. Für sein sprachliches und politisches Sensorium spricht besonders nachdrücklich die exemplarische Nachschrift[27] zu seinem Protest. Er vermutete darin, man könnte die Vokabeln »›entschieden sozialistisch‹ oder ›sozialistische Genossen‹ als längst überholte, inhaltlose Phrasen, oder [...] etwas politisch höchst Anrüchiges« verstehen, und er behielt Recht: In Lesebüchern aus Bayern und Baden-Württemberg druckte man 1985 den Brief ab – stand er doch exemplarisch für einen mittlerweile akzeptierten Unterrichtsstoff; aber die Lesebücher der Südschiene ersetzten die von Graf zur Diskussion gestellten Vokabeln durch Pünktchen.[28] Dass man sie »schon rein aus Gründen des privaten Fortkommens energisch ablehnen« könnte, war eine nur zu berechtigte Befürchtung des Verfassers gewesen. Politisch »links« orientierte Netzwerke waren nie gern gesehen. Nach Heinrich Mann wird, wer je in seinem Lande der Macht verdächtig ist, jeder Macht verdächtig.

So viel als Parenthese zur Wirkungsgeschichte und Relevanz der solidarisierenden Funktion des Appells!

Den Paukenschlag dieses offenen Briefes begleiteten noch einige Schreiben an deutsche Literaturverwalter, die ihn nach dem 12. Mai aus Schriftstellerverbänden und P.E.N.-Club – für ihn waren das »Komikervereine« – ausschlossen. Auf seinen ironischen Ton hin drohten sie ihm, ihnen vergehe bald der Humor, den sie allerdings nie hatten, weil er ihnen verdächtig war. Dennoch gelangen ihm juristische Schritte gegen seine Verlage, das Copyright und die Rechte auf Buchbestände zu klären.

Während er derart im innerliterarischen Bereich noch sein ernstes Spiel mit den Institutionen trieb, festigten zwei Zeitromane, die unmittelbar an die Gegenwart anschlossen, seine Stellung unter den Exilautoren. In *Der Abgrund*, eine Art Rote-Hilfe-Roman, wirbt er für die Volksfront, und seine überparteiliche Tendenz verhinderte bei den verfeindeten Exi-

---

[27] Oskar Maria Graf: *Nachschrift zu diesem Protest* [1960]. In: Ders.: *An manchen Tagen*. Frankfurt a. M. 1981, S. 15–17.

[28] Vgl. Ulrich Kaufmann: »›... so hab ich noch nie den Sozialismus aufgefaßt!‹ *Aus neuer Sicht. Oskar Maria Graf und die DDR*. In: *Jahrbuch der Oskar Maria Graf-Gesellschaft 1994/95*. Hrsg. von Ulrich Dittmann und Hans Dollinger. München 1995, S. 125–140, hier S. 135.

lanten-Gruppen jahrelang das Erscheinen Mit *Sittinger* legte er nach dem eher privat motivierten *Bolwieser* einen weiteren Ehe- oder Spießerroman vor, der satirisch den ins Privatleben eindringenden Faschismus darstellt. Beide Bücher wurden in die Sprachen mehrerer Exilländer übersetzt.

Das sei hier nur gestreift. Für mich wichtiger erscheint, dass – wie schon erwähnt – Brecht dem Kollegen, als »einem der besten der verjagten Dichter«, das »Schreiben der Wahrheit« bestätigte. Damit gehört er in einen so bisher vor allem von Simone Barck verfolgten Diskurs über »kritischen Realismus«, an dem auch der Graf-Freund Sergej Tretjakow und Walter Benjamin beteiligt waren[29]; die positive Resonanz des Letzteren auf Grafs Geschichten habe ich bereits zitiert. Sie erscheint mir besonders wichtig auf dem Hintergrund von Benjamins harscher Ablehnung Kästners, Tucholskys und anderer.

Als ein verbindendes Schreibmotiv für die an diesem Diskurs Beteiligten, denen wir große Literatur verdanken, möchte ich abschließend – sehr verkürzt – parallele Zielsetzungen Brechts und Grafs zitieren. Forderte Brecht in der ersten seiner Thesen über die »Schwierigkeiten beim Schreiben der Wahrheit«, »daß der Schreibende [...] sich nicht den Mächtigen beugen, [...] die Schwachen nicht betrügen« solle, so klingt in Grafs Nachschrift zu »Verbrennt mich!« eine Art Echo an: Er handle – und das heißt, er schreibt – »aus einer grundmenschlichen Empörung gegen jeden Mißbrauch der Schwächeren durch die Stärkeren, aus der erlittenen Einsicht, dass Unrecht und Unmenschlichkeit [...] Verbrechen asozialer Machthaber sind«.

Dass die jahrzehntelange Diskussion über engagierte Literatur solche Formulierungen abgestanden erscheinen lassen mag, ändert nichts an der Tatsache, dass in dem Kreis der von mir genannten Namen Oskar Maria Graf präsent war. Und diese Präsenz nimmt nicht nur für seine Form des eingreifenden Schreibens ein. Sie lässt auch danach fragen, ob man rückblickend nicht dieses Schreiben weit höher bewerten sollte als jene

---

[29] Simone Barck: *Von der »Biographie des Dings« zur Biographie des Menschen. Vier Anmerkungen zum Verhältnis Oskar Maria Grafs und Sergej Tretjakows.* In: *Oskar Maria Graf.* Hrsg. von Heinz Ludwig Arnold. München 1986, S. 151–158.

Äußerlichkeiten, die zunächst auf ihn aufmerksam machten und seine Zeitgenossen (siehe oben) beeindruckten, aber die Rezeption seiner Texte bis heute einschränken, wenn sie ihr nicht im Wege stehen.

Waldemar Fromm
»Dieses Siegen war stets ein unbegriffenes Unterliegen«

Bemerkungen zu Oskar Maria Graf, dem »Provinzschriftsteller«, den Goldenen Zwanziger Jahren und der Kunststadtdebatte

Vorbemerkung zu den Strategien autobiographischen und autofiktionalen Schreibens

Die autobiographischen Schriften Grafs enthalten nicht wenige Begebenheiten, in denen er nach eigenem Bekunden in eine Maske schlüpft. Mitunter nennt er diese Maske einen »Bayernbauern«, auch der »Provinzschriftsteller« gehört dazu. Graf spielt mit vermeintlicher Naivität, gibt dabei aber häufig ein Zwitterwesen ab. Die Aufgabe solcher (narrativer) Figuren wie Schelm oder Narr ist Kritik und Vermittlung. Betrachtet man Grafs autobiographische Schriften, steht nicht die Vermittlung im Vordergrund. Graf artikuliert Krisen und (soziale) Differenzen, die durch die Inanspruchnahme der Maskierung offengelegt werden sollen. Glaubhaft werden solche Maskierungen in der literarischen Öffentlichkeit zunächst durch das Bild Bayerns und der Stadt München in der Öffentlichkeit. Der süddeutsche Raum wird nach 1900 gerne mit dem Deutschland von vor 1870/71 verglichen. Das soziale Leben ist von der Industrialisierung nicht in demselben Ausmaß betroffen wie jenes im Norden. Zugleich begünstigen Kunstakademie, Bohèmekultur, liberale Strömungen und die Entwicklung Münchens zu einem Verlags- und Zeitschriftenzentrum die Entfaltung eines vielfältigen kulturellen Lebens. Julius Bab hat 1904 in einer Artikelserie, die in der *Berliner Volkszeitung* erschienen ist, über die Atmosphäre Münchens geschrieben:

> »Von dem behaglichen Kleinbürgertum der Bier- und Bauernhauptstadt gönnerhaft beschmunzelt und trotz gelegentlicher Ärgernisse doch heimlich als vornehme Rarität und Zierde der Stadt verehrt, führt die Münchener Bohème ein gewissermaßen legalisiertes Dasein, und obwohl natürlich auch ihr die ernsten Seiten – ernst durch den

Kampf vieler junger Geister um individuelle Entwicklungsmöglichkeiten – nicht fehlen, so kommt sie doch in ihrer beinah permanenten Karnevalsstimmung, in der süddeutschen Gemütlichkeit und Gutmütigkeit ihres geselligen Lebens dem phantastischen Bilde des Spießbürgers vom immer heiteren Schlaraffenland noch am nächsten.«[1]

Bab zitiert ein feststehendes Bild Münchens als Stadt der Gemütlichkeit und projektiert das kulturelle Leben von dem kleinbürgerlichen Milieu aus, dessen Begehrlichkeiten die Boheme als phantastische Erscheinung im realen Raum der Stadt ermöglicht. Dieses Bild der Unmittelbarkeit des Wünschens findet man mit verschiedenen Bezeichnungen: »Jugend«, »Urwüchsigkeit«, »Naivität«, »Lebensbejahung« oder Vitalismus geben die eine Seite des Bildes in der Öffentlichkeit ab, die andere Seite – gewissermaßen für Fortgeschrittene – enthält den Hinweis auf die Enge klein- und mittelständischer Imaginationsfähigkeit.[2] In der Spannung zwischen »bukolischem München« (Th. Lessing) und »schwarzem« katholischen München (Oskar Panizza)[3] muss auch Grafs Maskenspiel verortet werden. Er kann bei der Selbstmaskierung als vermeintlicher Bayernbauer auf Stereotype über den Herkunftsort zurückgreifen.

Im Sinne der Boheme betreibt der »Provinzschriftsteller« innerhalb solcher Repräsentationen eine Karnevalisierung und zugleich eine Revitalisierung von Lebens- und Schreibkonzepten. Als »Kraftbayer« steht er dennoch in einer kaum zu beruhigenden Spannung: Was sozial urwüchsig und komisch wirkt, ist in Hinsicht auf die Person, die sich autobiographisch oder in der Prosa autofiktional darstellt, konflikthaft grundiert. Grafs Sozialisation und die Gewalt, der er ausgesetzt war, sprechen zunächst gegen eine Identifikation mit dem »einfachen Leben« auf dem Land. Ein weiterer Grund für die Maskierung kann daher in der Lebensgeschichte Grafs gesucht werden. In *Wir sind Gefangene* schreibt er lapidar: »Es gab für mich immer nur zwei Wege, aus einer häßlichen Sache herauszukommen. Entweder

---

[1] Julius Bab: *Die Berliner Boheme*. Paderborn 1994, S. 8f.
[2] Vgl. die Zusammenstellung einschlägiger Texte bei Walter Schmitz (Hrsg.): *Die Münchner Moderne. Die literarische Szene in der »Kunststadt« um die Jahrhundertwende*. Stuttgart 1990, S. 25–52.
[3] Vgl. Schmitz: *Die Münchner Moderne*, S. 36 und S. 47.

ich wurde eines Tages rabiat und schlug ohne Grund einfach alles kurz und klein, oder ich versuchte es mit der Scheinheiligkeit und Bauernschläue.«[4] Graf beobachtet an sich eine Ambivalenz zwischen »spielerisch-eitle[r] Lust am Verstecken, am Verblüffen und Ärgern des nächsten«[5] und »unausrottbare[r] Unsicherheit«[6]. Gert Sautermeister hat diese Paradoxie aus der Spannung von Melancholie und Selbsthass sowie der Notwendigkeit der Selbstverteidigung beschrieben.[7]

Als eines von vielen möglichen Beispielen für die Verbindung von Maskierung und Selbstbewahrung soll hier die Aufnahme in den P.E.N. dienen, von dem es nach der Wahl in die Autorenvereinigung heißt: »Ich tret' selbstredend sofort in diesen Club ein, bloß kaschier' ich das wieder einmal auf naturburschenhaft-bayrisch –. Du wirst sehn, das zieht bei den saudummen Berlinern. Das sind doch die größten Provinzler!«[8] Entsprechend fällt dann die erste schriftliche Stellungnahme aus. Bei der Beschreibung des späteren ersten Besuchs einer Versammlung in Berlin rutscht Graf bei der Begrüßung im Smoking mehrfach auf dem Parkett aus und beschreibt auch symbolisch ein Stolpern über die Konventionen, wie man es auch bei Laurel und Hardy hätte finden können.[9] Nun führt der Sturz zu einer Demaskierung der bürgerlichen Aspekte; Graf wird von den umstehenden Kollegen sogleich als der naive, bayerische Bursche wahrgenommen, der sich auf dem Parkett nicht bewegen kann, und gibt sich dann entsprechend unbeholfen.[10]

[4] Oskar Maria Graf: *Wir sind Gefangene. Ein Bekenntnis.* München 1978, S. 229.
[5] Oskar Maria Graf: *Gelächter von außen. Aus meinem Leben 1918–1933.* München 1966, S. 319.
[6] Graf: *Gelächter von außen*, S. 320.
[7] Vgl. Gert Sautermeister: Selbstdurchleuchtung und Phantasie in Oskar Maria Grafs »Wir sind Gefangene«. In: *Oskar Maria Graf-Jahrbuch 1997/98.* München 1998, S. 34–68, hier S. 38.
[8] Graf: *Gelächter von außen*, S. 285.
[9] Vgl. Graf: *Gelächter von außen*, S. 291.
[10] An anderer Stelle wird die Kleiderordnung karnevalisiert: Graf meint, die Münchener Freunde würden von ihm erwarten, mit Smoking an Faschingsveranstaltungen teilzunehmen, da dies seine angemessene Verkleidung sei (vgl. Oskar Maria Graf: *Notizbuch des Provinzschriftstellers Oskar Maria Graf 1932. Erlebnisse, Intimitäten, Meinungen.* Hrsg. von Ulrich Dittmann. München 2011, S. 43).

Befragt man dieses narrative Muster der Erinnerung kritisch, gibt es keinen Anlass mehr anzunehmen, der »Provinzschriftsteller« sei authentisch. In der erzählten Version des Ereignisses bewältigt Graf den Konflikt mit den gebildeten und sich bürgerlich gebenden Kollegen, indem er seine Spielregeln durchsetzt.[11] Die Verkleidung, die Graf verwendet, hat eine klar erkennbare Funktion. Er wird aufgenommen, indem er als der Andere erkannt wird, zumindest als jener, der anders ist. Nun muss man nach der Insistenz fragen, mit der solche sozialen Situationen als Konflikt ausgestaltet werden, die Graf insbesondere dann nacherzählt, wenn er den Rahmen der Situation im Sinne seiner Selbstbilder umfunktionieren kann. Sloterdijk hat in anderen Zusammenhängen auf die Traumatisierung Grafs in der Psychiatrie während des Ersten Weltkriegs hingewiesen.[12] Graf erzählt diesen Teil seiner Lebensgeschichte so, dass er den Kriegsdienst verweigert hat, indem er eine psychische Erkrankung vorgespielt hat. Erzähltes Ich und erinnerndes Ich sind jedoch nicht immer kongruent zu dieser Vorgabe. Wenn Graf über die letzte Phase seines Aufenthaltes in der Psychiatrie schreibt: »Krepieren oder frei werden, wiederholte ich in Gedanken und knirschte in mich. Alle bemißtraute ich. Jedermann war mein Feind«[13], kann man mit Sloterdijk annehmen, dass aus der Simulation einer psychischen Erkrankung durch die belastenden Umstände und die Behandlung (u. a. mit Elektroschocks) eine tatsächliche »psychotische[] Verwirrung«[14] entstanden ist. Zumindest wiederholt sich hier eine Ohnmachtserfahrung, die, psychologisch betrachtet, zur Spaltung führen kann. Rollenübernahmen und literarische Bewältigung können in solchen traumatisierenden Zusammenhängen Mittel der Wahl der Selbstbehauptung sein und in der Wiederholung einen nicht bewältigten Rest anzeigen.

Grafs Schreib- und Erinnerungskonzept lässt sich, soziolo-

---

[11] Drascek hat die Nähe zu Stirners Anarchismus-Begriff hervorgehoben (vgl. Daniel Drascek: »*Einer gegen alle.*« *Oskar Maria Graf und der Stirnersche Egoismus als Handlungsmotiv*. In: *Oskar Maria-Graf Jahrbuch 1994/95*. München 1995, S. 184–208).
[12] Vgl. Peter Sloterdijk: *Literatur und Organisation von Lebenserfahrung. Autobiographien der Zwanziger Jahre*. München 1978, S. 213–215.
[13] Graf: *Wir sind Gefangene*, S. 201 f.
[14] Sloterdijk: *Literatur und Organisation von Lebenserfahrung*, S. 215.

gisch gewendet, partiell in die »Verhaltenslehren der Kälte« einfügen, wie sie Lethen beschrieben hat. Die Maskierung ist ein Weg, in einer »strategisch angelegten Selbstinszenierung« ein funktionierendes Subjekt zu konstituieren und der Scham über die Desintegration etwas entgegenzusetzen.[15] Dennoch produziert sie Lethen zufolge paradoxe Ergebnisse: »Einerseits manifestiert sich in ihnen das Einverständnis mit dem Objektstatus des Menschen, andererseits halten sie trotzig an der Machbarkeit des Schicksals fest. Die Bejahung des Gangs der Dinge ist der verzweifelte Versuch einer neusachlichen Generation, sich in die Fremdsteuerung einzuschalten, um in der List des Einverständnisses an der Kraft des historischen Prozesses teilzuhaben [...]«[16]

Gerade die List des Einverständnisses betont Graf und reflektiert sowohl in den autobiographischen als auch in den Erzählungen der Weimarer Jahre die Desintegration. Die Grafsche Form der Selbstbewahrung beruht auf der paradoxen Situation, ein Selbst zu stabilisieren, dessen Eigen- und Anderssein sozial traumatisiert wurde. Die rettende »Zuschreibung von Bedeutungen«[17] ruft Melancholie hervor: Es bleibt jeweils ein Rest Unerlöstes. In der Rolle des Provinzschriftstellers antizipiert, spiegelt und bekräftigt Graf die Differenz zu einem bürgerlich literarischen Feld. Hinzu kommt der Habitus des Bohemiens, der eine »symbolische Aggression«[18] gegen das bürgerliche Leben pflegt (und gegen sich selbst, möchte man hinzufügen). Kennzeichnend dafür ist der offene Umgang mit Maskierungen. Im Gegensatz zur »kalten persona« gibt Graf z. B. in *Wir sind Gefangene* seine Strategie öffentlich kund und setzt sich als »nackte« Person dem Gelächter aus, behält aber die Praxis des Maskierens dennoch bei, wie schon der Titel des *Notizbuchs des Provinzschriftstellers* von 1932 anzeigt. Pointiert ließe sich sagen: Graf spielt in den autobiographischen Schriften

---

[15] Vgl. Helmut Lethen: *Verhaltenslehren der Kälte. Lebensversuche zwischen den Weltkriegen*. Frankfurt a. M. 1994, S. 36.
[16] Lethen: *Verhaltenslehren der Kälte*, S. 37.
[17] Joachim Mohr: *Hunde wie ich. Selbstbild und Weltbild in den autobiographischen Schriften Oskar Maria Grafs*. Würzburg 1999, S. 366.
[18] Helmut Kreuzer: *Die Boheme. Beiträge zu ihrer Beschreibung*. Stuttgart 1968, S. 47 f.

die Maskerade und macht sie sichtbar, entkommt aber den paradoxen Rahmenbedingungen nicht.

Walter Benjamin hat die Grafsche Rückseite der »kalten persona« bereits 1931 in der Rezension der *Kalendergeschichten*« und des *Bolwiesers* in dessen Prosa aufgezeigt. Er charakterisiert den Epiker Graf in Absetzung vom Typus des Romanciers und hält fest: »Es ist eine Lebensbedingung des Epischen im neuen Sinne [der Sachlichkeit, Anm. W. F.], dies Private [...] zu liquidieren. [...] Geht also der Bildungsroman auf den Aufbau einer Persönlichkeit aus, wird der Epiker es lieber mit ihrem Abbau halten.«[19] Benjamin konzentriert sich auf den »Werdenszwiespalt«[20] Grafs, den Schriftsteller aus der Provinz, doch wäre darüber hinaus auf den Zwiespalt der Sachlichkeit in den 1920er Jahren hinzuweisen, der im Fall Grafs Gelächter von außen provoziert, in der Geste der Provokation jedoch Behauptung und Ohnmacht gleichzeitig enthält. Beim Autor Graf wirkt zunächst der Widerspruch des Epikers gegen eine bürgerliche Form und die bürgerliche Innerlichkeit, es wirkt aber auch die radikale Annahme der (unerlösten) Zeitgenossenschaft, die aus den Kräftefeldern der Gesellschaft im Privaten zunächst Unverfügbares destilliert. Es klafft ein Riss, der aus der Belebung Unbelebtes werden lässt.

Rolf Grimminger hat die Ambivalenz der Poetik Grafs in Analogie zu lachenden und vom Schmerz verzerrten Masken im antiken Theater entwickelt: Sie bildeten »einst die Mimik der Komödie und der Tragödie ab und mit ihr die Polarität des Daseins zwischen Lust und Qual«[21]. Die Literatur ist darin ein Mittel gegen die Zerrissenheit. Sie erscheint als uneingelöster Vorgriff auf ein besseres Leben. Dieser Vorgriff funktioniert wie ein (narzisstisches) Spiegelbild, das in den Rollen, die übernommen werden, eine authentische Darstellung verspricht, dennoch aber eine Projektion der Rolle bleibt, die jeweils eingenommen wird.

Von solchen Konfliktlinien aus soll im Folgenden gefragt wer-

---

[19] Walter Benjamin: *Gesammelte Schriften. Band III. Kritiken und Rezensionen*. Hrsg. von Hella Tiedemann-Bartels. Frankfurt a. M. 1991, S. 310.
[20] Benjamin: *Gesammelte Schriften*. Band III, S. 309.
[21] Rolf Grimminger: Oskar Maria Graf, der Grenzgänger. In: *Oskar Maria Graf-Jahrbuch 1994/95*. München 1995, S. 274–296, hier S. 279.

den, wie Graf die Auseinandersetzung mit den 1920er Jahren in
München (und teilweise Berlin) beschrieben hat. Dabei wird weder auf die programmatische Auseinandersetzung mit Mühsam
oder der Kunst in München eingegangen noch auf die Auseinandersetzung mit der Neuen Sachlichkeit oder den politischen
Aktivitäten,[22] wie z. B. die Frontstellung gegen das Gesetz zum
Schutze der Jugend vor Schund und Schmutz sowie die (kultur)
politischen Aktivitäten wie den Jungmünchner Kulturbund[23]
(gegr. 1926). Vertieft werden sollen lediglich die Kunststadtdebatte und der Literaturpreis der Stadt München.

Goldene Zwanziger ... »schwach versilbert«

Der Begriff »Goldene Zwanziger Jahre« ist ein perspektivisch
gebundener Begriff, der die Zeit der kulturellen und wirtschaftlichen Erfolge in der zweiten Hälfte der 1920er Jahre umfasst.[24]
Er beschreibt vor allem ein heterogenes Feld kultureller Neuerungen, ohne ein einheitliches Profil abgeben zu können: Er
bezieht sich ebenso auf Veränderungen in der Alltags- und
Arbeitskultur wie auf Innovationen in Musik, Kunst, Literatur, Architektur und auf die neuen Massenmedien Radio und
Film. Mit ihm verbunden sind Merkmale wie »Kultur der Großstadt«, »Angestelltenkultur«, Sport, Kino, Technikbegeisterung,
Avantgarde und Reformbewegungen und die veränderte Rolle
der Frau sowie – in der Literatur und den Künsten – Darstellungsweisen, die den dokumentarischen Wert der Künste betonen (Neue Sachlichkeit). Mit dem Begriff werden vor allem
Aspekte der Industrialisierung und Urbanisierung in Metropo-

---

[22] Vgl. ausführlicher zu den einzelnen Themen: Wilfried F. Schoeller: *Oskar Maria Graf. Odyssee eines Einzelgängers. Texte, Bilder, Dokumente.* Frankfurt a. M. u. Wien 1994.
[23] Vgl. Rolf Recknagel: *Ein Bayer in Amerika. Oskar Maria Graf, Leben und Werk.* Berlin 1977, S. 154.
[24] Vgl. Waldemar Fromm, Andreas Katsimardos: *Goldene Zwanziger Jahre.* In: *Historisches Lexikon Bayerns.* <http://www.historisches-lexikon-bayerns.de/artikel/artikel_44722>, Zugriff zuletzt am 19.10.2011; Friedrich Prinz: *München und die bayerische Intelligenz in den zwanziger Jahren.* In: *Jahrmarkt der Gerechtigkeit. Studien zu Lion Feuchtwangers zeitgeschichtlichem Werk.* Hrsg. von Wolfgang Müller-Funk. Tübingen 1987, S. 35–57.

len wie Berlin oder Paris erfasst. Diese sind, ausgehend von der wirtschaftlichen Stabilisierung zwischen 1924 und 1929, auf die Entwicklung in München anzupassen, der einzigen Großstadt in Bayern, die den Vergleich mit Berlin sucht. In München sind die Goldenen Zwanziger nach der Beendigung des weißen Terrors und der Niederschlagung des Hitler-Putsches 1923 anzusetzen und aus einer besonderen, regional ausgeprägten Urbanität heraus zu beschreiben. Sie sind in Bayern als Alternative zur bzw. Abgrenzung von Entwicklungen in den Metropolen zu beschreiben. Sie werden von der bürgerlichen Mitte und deren kulturellem Selbstverständnis gestaltet bzw. von den politisch Rechten bedroht. Bei der Verlagerung der kulturellen »Gewichte« ist einerseits ein Generationswechsel wirksam, andererseits ist die Übersiedlung vieler Künstler von München nach Berlin in der ersten Hälfte der zwanziger Jahre als ein, wenn auch anders gelagerter Grund dafür anzuführen.[25] Auch die Universitäten sind von den kulturellen Veränderungen betroffen. Karl Vossler warnt 1926 anlässlich der 100-Jahres-Feier der Ludwig-Maximilians-Universität vor »Provinzialismus«, womit die Professorenschaft und noch stärker die Studentenschaft gemeint ist, die sich aufgrund des Kriegsausgangs radikalisierte. Staat und Stadt versäumen es, der Abstimmung mit den Füßen entschieden genug entgegenzuwirken. München verfügt über zu wenig Mittel, um den Trend in den Norden Deutschlands zu unterbinden. Für Künstler waren neben Berlin auch Kunstzentren wie Hannover interessant. Die verbliebenen Kreise wie derjenige um Carl Muths (1867–1944) katholisches *Hochland* oder der George-Kreis entwickeln eigene Vorstellungen von der Moderne, die mit den innovativen Impulsen Weimars nur schwer vereinbar sind.

Die Kultur der Goldenen Zwanziger Jahre ist in München als ein zaghaftes Pflänzchen zu beschreiben, das sich vor allem in den vom bürgerlichen Kunstgeschmack gering geschätzten Bereichen entfaltet hat.[26] Der modernekritische Impetus, der sich nach der Revolution 1918/19 in der Stadt zu verbreiten begann, markiert die Differenz zur Metropole Berlin, dem damaligen

---

[25] Vgl. Friedrich Prinz: *Die Geschichte Bayerns*. München 2003, S. 452.
[26] *Die Zwanziger Jahre in München. Katalog zur Ausstellung im Münchner Stadtmuseum Mai bis September 1979*. Hrsg. von Christoph Stölzl.

Zufluchtsort vieler an Innovationen in Literatur, Musik und den Künsten interessierten Beteiligten. Der sich in der Weimarer Zeit ausbildende Typus des Intellektuellen hatte es, so Hermann Kesten, schwer, seinen Kulturbegriff gegen den Zeitgeschmack und, mit fortschreitender Entwicklung, gegen völkische Positionen zu behaupten. Insofern enthält der Begriff der »Goldenen Zwanziger Jahre« für Kesten lediglich ein Element der Hoffnung, ohne dass sie sich hätte realisieren lassen. Die Goldenen Zwanziger Jahre sind für ihn ein »Double, [...] schwach vergoldet«.[27]

Auch Graf übt Kritik am Konzept der Goldenen Zwanziger. Vor allem die Verhältnisse in Berlin erscheinen ihm als eine Art »Wilhelmitis«, ein Wort, mit dem er die Selbstinszenierung durch Geringschätzung anderer verbindet: »Bei den Berlinern in den damaligen, goldenen zwanziger Jahren war dieses unduldsame Lächerlichmachen von ungewohnten Gebräuchen andernorts ganz besonders übersteigert.«[28] Persönlich scheint Graf die 1920er Jahre zwiespältig erlebt zu haben, denn obwohl sie für ihn mit dem Durchbruch als Schriftsteller verbunden sind – er versteht sie als »gut versilberte Jahre«[29] –, wird in den Erinnerungen mehrfach von einer unbegründeten »neurasthenischen Angst vor dem Stillstand«[30], Selbstzweifeln, Langeweile oder Desintegration (und entsprechenden exzessiven Ausbrüchen) gesprochen. Im Spannungsverhältnis zu den persönlichen Erfahrungen wiederum sind die politischen Aktivitäten zu sehen, wie etwa das Engagement im »Jungmünchner Kulturbund«, der aus einem Lesezirkel um *Die Weltbühne* entstanden ist[31] und eine der wenigen Artikulationsformen abgibt, die für Graf auch im persönlichen Bereich unproblematisch bleiben.[32]

---

[27] Hermann Kesten: *Die goldenen zwanziger Jahre.* In: Ders.: *Filialen des Parnass. 31 Essays.* München 1961, S. 89–94, hier S. 91.
[28] Graf: *Gelächter von außen*, S. 360.
[29] Graf: *Gelächter von außen*, S. 297.
[30] Graf: *Gelächter von außen*, S. 340, vgl. auch »Eine unbestimmte Unlust war Tag für Tag in mir. Ich kannte mich mit mir selbst nicht mehr aus.« (Graf: *Gelächter von außen*, S. 398).
[31] Graf: *Gelächter von außen*, S. 347.
[32] Vgl. Graf: *Gelächter von außen*, S. 340–342.

Zum Münchenbild des »Provinzschriftstellers«

Für das kulturelle Leben im München der zwanziger Jahre kann man annehmen, was Thomas Mann anlässlich der Rede zur Eröffnung der »Münchner Gesellschaft 1926« am 2.11.1926 geschrieben hat: »Wir leben in einer Zeit, deren verächtliche Fidelität uns zuweilen ein bisschen auf die Nerven geht, einer Zeit von wahrem Jazz-Band-Charakter, deren Helden der Preisboxer und der Kinostar sind und in der Verrohung und Verflachung ungeahnte Orgien feiert: amüsante Orgien, ich gebe es zu, großartige Orgien, ich gebe es auch zu; es wäre wohl philisterlich und kleinbürgerlich, über die neuen Zeiten zu flennen. Aber als spezifisch deutsch [...] erscheint mir doch immer noch der Protest gegen die blöden Wunder dieser Zeit [...].«[33] Massenkulturelle Phänomene prägen das Alltagsleben, Film und Radio z. B. sorgen für neue Unterhaltungsformen und Informationsquellen.

Exemplarisch für den schmalen Grat, auf dem sich die Goldenen Zwanziger Jahre in München entfalten konnten, ist die Kulturpolitik des Oberbürgermeisters von 1925 bis 1933, Karl Scharnagl. Sie blieb von konservativen und christlichen Werten geprägt. Man setzte auf »Veredelung« massenkultureller Phänomene, reagierte aber auch mit verschärften Zensurbestimmungen, beispielsweise beim Film. Grafs Beurteilung des kulturellen Lebens im München der zwanziger Jahre entspricht einer solchen kritischen Einschätzung der Lage. Im *Notizbuch des Provinzschriftstellers Oskar Maria Graf 1932* hält er fest, München sei »finster und kleinbürgerlich«, ein »stadtähnliches Dorf« in dem man nichts anderes tun könne als »gemütlich [zu] sterben.«[34] Mit Grafscher Ironie wendet sich seine symbolische Aggression gegen die Verherrlichung der Vergangenheit der Stadt, für die er Wilhelm Hausenstein exemplarisch zitiert.[35] Graf konstatiert einen »Geist des Privaten« und eine »asoziale,

---

[33] Thomas Mann: *Rede zur Eröffnung der »Münchner Gesellschaft 1926.«* Gehalten im Steinicke-Saal am 2.11.1926. In: *Der Zwiebelfisch. Zeitschrift über Bücher, Kunst und Kultur*, 20. Jg. (1926/27), Heft 1. München als Kunst- und Kulturstadt, S. 1–6.
[34] Graf: *Notizbuch*, S. 35.
[35] Vgl. Graf: *Notizbuch*, S. 35.

eigensinnige Manier«.[36] In paradoxer Wendung erklärt er dann seine Liebe zur Stadt, weil die Mentalität keine Eitelkeiten oder die Akkumulation symbolischen Kapitals (sensu Bourdieu) zulässt. Erst diese Wendung erklärt die Opposition gegen Hausenstein, der sich zwar kritisch mit der Lage in den 1920er Jahren auseinandersetzt, die Geschichte aber als eine Verfallsgeschichte früherer kultureller Leistungen begreift und entsprechend die Vergangenheit glorifiziert.[37] Auch Hausenstein betont das Provinzielle am München der 1920er Jahre, wenn er schreibt:

> »Auch die Folgerung, die feststellt, daß die geringe Urbanität in der Erscheinung des Kleinbürgerlichen, des mittelbürgerlichen Elements das Provinzielle im Gesicht dieser wahrlich unprovinziell, überprovinziell angelegten Stadt ausmacht, will es zunächst nur mit der soziologischen und biologischen Tatsache zu tun haben, mit der einfachen Gegenständlichkeit dieser Tatsache. Es ist fürs erste nur sachlich zu vermerken: die städtische Sublimation der Stadt München ist im Gesellschaftlichen ebenso gering, wie sie in der baulichen Erscheinung der Stadt gelungen, ja ins Einzigartige vollendet ist.«[38]

Hausenstein fokussiert auf den Kleinbürger und den Mittelstand und ihre offenbar hedonistische Lebensführung, die Kultur nicht als Triebverzicht versteht (sofern man Hausenstein das Konzept der Sublimation von Freud unterlegen will). Grafs Einwand dagegen besteht in der Umdeutung der Wertung von Sublimationsprozessen. Nicht zu sublimieren heißt bei ihm, authentisch zu bleiben. Das Kauzige ist für Graf gegen moderne Urbanität gerichtet, wie die Beschreibung Berlins in dem kleinen München-Portrait im *Notizbuch* zeigt. Berlin wird zu einem Ort, an dem sich das Bürgertum inszeniert.[39] Die Opposition von Inszenierung und Authentizität wird von Graf zunächst zugunsten seiner Herkunft aufgefasst. In »Aber halt unser Fasching« wird die Geselligkeit in Berlin mit jener in München verglichen, wobei für München »ein wirklich gewachsenes Kol-

---

[36] Graf: *Notizbuch*, S. 36.
[37] Vgl. Wilhelm Hausenstein: *Sinn und Verhängnis einer Stadt*. In: Ders.: *Liebe zu München*. München 1975, S. 128–179. Zuerst in: *Die Neue Rundschau* 39/2 (1928), S. 389–419.
[38] Hausenstein: *Liebe zu München*, S. 135.
[39] Vgl. Graf: *Notizbuch*, S. 36.

lektivum« konstatiert wird, in Berlin hingegen tanze man steif und lache gewaltsam.[40]

In der Darstellung einer Mentalität des süddeutschen Raums greift Graf auf Stereotype zurück, demaskiert aber vorrangig Verkehrsformen der Sachlichkeit. Dabei kommt es nicht auf die Beschreibung positiv zuweisbarer Eigenschaften an, sondern auf die Opposition zu einer vermeintlich sozial höher stehenden Person oder Gruppe. Im Grunde demaskiert er Selbstzuschreibungen. Ein gutes Beispiel wäre die Beschreibung des Münchener Faschings in »Wie ich in den Ruf eines Lebemanns gekommen bin«, denn dort ist »mit diesem berühmten Münchner Fasching, das [...] Rechte nicht mehr«, weil mehr oder weniger unbeabsichtigt gegen soziale Erwartungen verstoßen wurde.[41] Das gegen Berlin positiv hervorgehobene »Kollektivum« zählt in der Binnendifferenzierung nicht mehr.

Von diesem Punkt aus erscheint es lohnenswert, der Bedeutung von »Provinz« in der Selbstbeschreibung des »Provinzschriftstellers« nachzugehen, wobei das Spiel mit Selbst- und Fremdbildern aufschlussreich ist. Gegen die modernen und liberalen Strömungen der Zeit, die vor 1914 unter dem Stichwort Münchener Moderne verbucht werden, setzen konservative Intellektuelle nach 1918 auf einen Idealismus, der Region und Religion als Alternative zu zeitgenössischen Lebens- und Anschauungsweisen aufzeigen will. Diesen Ansichten widerspricht Graf. Das Stichwort »Provinz« wird bewusst gegen ein konservatives Verständnis von Regionalität gesetzt. Graf grenzt sich auch von Marieluise Fleißers Verständnis von Provinz ab. In den »Ingolstädter Stücken« meint sie mit »Provinz« das Gegenteil von Großstadterfahrung. Provinz ist für Graf ambivalent bewertet, er hält aber aus biographischen Gründen daran fest. Die Formulierung des »gemütliche[n] Sterben[s]« zeigt die Ambivalenz und mehrfache Provokation an: Nach außen trägt er das Etikett als Abwehrmaßnahme, nach innen als Konflikt. Für die Genese des »Provinzschriftstellers« wiederum ist die Insistenz aufschlussreich, mit der Graf seinen Marktwert betont. Der direkte Vergleich des Schriftstellers mit Fabrikanten, und beider

---

[40] Vgl. Graf: *Notizbuch*, S. 39.
[41] Vgl. Graf: *Notizbuch*, S. 43.

Reduktion auf den Warenwert, lässt nicht zuletzt das Private als Marktargument erscheinen. Graf schreibt in »›Geschäftliche und politische Schlußempfehlungen über meine Persönlichkeit und so ...‹«, der Buchmarkt möge das Private.[42]

Nicht die positive Setzung eines Poetologems zählt, sondern die relative Distanzierung. Es handelt sich zunächst um eine Provokation des Lesers, der am Ende des *Notizbuches* mitgeteilt bekommt, dass das Private im Notizbuch für den Markt erstellt worden ist, Privates also nicht enthalten ist. Der »anerkannte[] Spezialitätenschriftsteller« reagiert auf den Verkehrswert von Schriftstellern,[43] indem er zu erkennen gibt, dass er die Regeln des Verkehrsflusses kennt. Er schlüpft in eine Maske (»Her mit dem Privaten«), hinter der er sich entblößt, also eine von der Maske grundlegend verstellte Privatheit einräumt. Graf lässt sich hier in die von Lethen beschriebene »Psychologie von außen« einfügen: »[d]as lebensphilosophische Ideal des Fließens und das Zivilisatorische der Zirkulation von Ware, Arbeitskraft und Geld [...] spalten sich unversöhnlich auf«.[44] Es ist nicht ausgeschlossen, dass für Graf das Ideal des Fließens in München in einer besonderen Form der »Kollektivisierung« aufgeleuchtet hat. Liest man das *Notizbuch* aber aus der Sicht der 1920er Jahre und nicht aus derjenigen der Bohemezeit, so ist das mimetische Einvernehmen des (autobiographischen) Erzählers durch die ironische Relativierung davon im Spiel mit den Masken gekennzeichnet. Es gibt bei Graf nur wenige Beschreibungen der Stadt München, die jenseits der List des Einverständnisses liegen. Mitunter ist die List in der sprachlichen Verstellung zu erkennen, wenn dialektale syntaktische oder semantische Merkmale aufgegriffen werden, mitunter auch in der mimetischen Übernahme der Fremd- und Selbstbilder, wie in »Etwas wie ein ›Antlitz‹«. Graf führt darin mehrere Stereotype zusammen: die Gemütlichkeit und Unauffälligkeit der Stadt sowie den Humor, der in der Griesgrämigkeit gründen soll.[45]

---

[42] »Nichts wie ausgepackt mit dem Privaten«, heißt es beispielsweise (Graf: *Notizbuch*, S. 146).
[43] Vgl. Graf: *Notizbuch*, S. 43.
[44] Lethen: *Verhaltenslehren der Kälte*, S. 49 f.
[45] Vgl. Graf: *Notizbuch*, S. 49 f.

Zur Kunststadtdebatte und dem Münchner Dichterpreis

Michael Hermann zufolge sind die Jahre 1924 bis 1929 in München von der Kunststadtdebatte geprägt.[46] Die Selbstverständigungsprozesse der 1920er Jahre können daher exemplarisch an der Kunststaddebatte aufgezeigt werden. Thomas Mann, Mitte der 1920er Jahre bereits Repräsentant der liberalen bürgerlichen Mitte, hat die Kunststadtdebatte 1926 wieder ins Bewusstsein der Öffentlichkeit gehoben. In »Kampf um München als Kulturzentrum« – einer Veranstaltung am 30.11.1926 in der Münchner Tonhalle – wendet sich Thomas Mann mit anderen Intellektuellen und Politikern gegen »den von der Presse gewarteten Vulgär-Faszismus«[47]. Kritisiert werden auch der Einfluss der *Münchner Neuesten Nachrichten* und deren nationalistischer Duktus auf die Öffentlichkeit. Gründungen wie diejenige der »Argonauten«, die 1924 von Ernst Penzoldt, Ludwig Friedrich Barthel und Josef Magnus Wehner initiiert wurde und schnell einen wichtigen Einfluss auf das kulturelle und literarische Leben der Stadt nahm,[48] versuchen, neue Impulse zu setzen. Eine repräsentative Umfrage unter wichtigen Kulturschaffenden, die die Zeitschrift *Der Zwiebelfisch* in Heft 1, 1926/27 veranstaltete, offenbart jedoch spürbare Defizite im kulturellen Leben. Die Stellungnahmen zeigen einen erheblichen Druck der politisch Rechten an,[49] der sich auch im Umfeld der »Argonauten« konstituiert. In dem von Arthur Hübscher 1929 herausgegebenen *Münchner Dichterbuch*, mit dem der Herausgeber eine »Neue Klassik« ausruft, werden literarische Beiträge u. a. von Paul Alverdes, Hans Brandenburg, Georg Britting oder Hanns Johst

---

[46] Vgl. Michael Hermann: *Kommunale Kulturpolitik in München von 1919–1935*. München 2003, S. 343. Vgl. Kirsten Gabriele Schrick: *Die Münchener Kunststadtdiskussion. Dokumentation einer kulturhistorischen Debatte 1781–1945*. Wien 1994.

[47] Thomas Mann: Vorwort. In: *Kampf um München als Kulturzentrum. Sechs Vorträge von Thomas Mann, Heinrich Mann, Leo Weismantel, Willi Geiger, Walter Courvoisier und Paul Renner. Mit einem Vorwort von Thomas Mann*. München o.J. [1926], S. 7.

[48] Vgl. Christian Klein: *Ernst Penzoldt. Harmonie aus Widersprüchen. Leben und Werk (1892–1955)*. Köln, Weimar, Wien 2006, S. 133–144.

[49] Vgl. z.B. *Süddeutsche Monatshefte. Der Streit um Thomas Manns »Betrachtungen«. Als Handschrift gedruckt*. München o.J. [1928].

aufgenommen. Mehrere Autoren dieses Bandes unterschreiben
– neben Rudolf Binding, Leo Weismantel, Johannes von Guenther und Josef Magnus Wehner – 1933 das »Gelöbnis treuester Gefolgschaft« für Adolf Hitler. Andere wie Hanns Johst waren schon vor 1933 Mitglied der NSDAP.

Der Zwiebelfisch hatte bereits 1921, gewissermaßen als Fazit der Revolutionszeit, das Ende Münchens als Kunststadt signalisiert.[50] In einer redaktionellen Vorbemerkung, vermutlich von Max Krell, wird auf den Argwohn gegenüber der Weimarer Republik, Antisemitismus, Künstler- und Intellektuellenfeindlichkeit und die Rolle der Presse hingewiesen. Bezüglich der Presse heißt es, sie würde dem »Partikularismus und ungepflegten Provinzgeschmack«[51] dienen. Und weiter: »In dem an Format umfangreichsten Käseblättchen der bayerischen Hauptstadt erklärte der zum Literatur-Referenten bestellte Gymnasiallehrer Hofmiller, dass das Papier zu schade sei für die Besprechung moderner Dichtkunst.«[52] Die publizistische Tätigkeit Josef Hofmillers scheint Graf über Jahre beobachtet zu haben, denn er wird für ihn zu einem direkten Angriffspunkt innerhalb des literarischen Feldes Münchens. Graf fühlt sich von der konservativen Presse in München nicht hinreichend berücksichtigt und schreibt an Hofmiller, den »urbayrisch königstreuen Rosenheimer Gymnasialprofessor«, einen Brief, in den er provokativ einen Zwanzig-Mark-Schein hineinlegt, um Hofmiller zu einer Rezension zu bewegen.[53] Im Brief will Graf vor allem als Bayer gesehen werden und setzt sein Selbstverständnis – in der »Maske robuster Naivität«[54] – demjenigen Hofmillers entgegen: »Ich bin, genau wie Sie, hochgeachteter Herr Professor, geborener Bayer und katholisch und, weil man mir das für mein Fach allerseits angeraten hat, geheimes Mitglied der ›Bayerischen Königspartei‹. Dieses schon deswegen, weil mir ein König viel lieber wäre wie der landfremde Hitler, den, wie ich weiß, auch Ihre

---

[50] Vgl. Anonym: *Münchens Ende als Kunststadt*. In: *Der Zwiebelfisch*, 13. Jg. November 1921, Heft 1/3, S. 1–6.
[51] Ebd., S. 5.
[52] Ebd., S. 5.
[53] Graf: *Gelächter von außen*, S. 394.
[54] Graf: *Gelächter von außen*, S. 396.

werte Persönlichkeit ablehnt.«[55] Hofmiller sendet das Geld empört zurück, geht aber ansonsten nicht auf Grafs Polemik ein. Die Niederlage, die Graf empfindet, verdeutlicht seine kulturpolitische Ausgrenzung. Er und Hofmiller hätten sich zumindest in der Ablehnung Hitlers treffen können, was aber aus Gründen der Distinktion nicht erfolgt.

An die Kunststadtdebatte erinnert Graf in *Gelächter von außen* in einem Kommentar zu einer Veranstaltung, die er wohl irrtümlich in die Zeit um 1931 verlegt. Graf erwähnt diese Veranstaltung im Zusammenhang mit dem Brand des Glaspalastes am 6. Juni 1931 und den Reaktionen darauf im *Völkischen Beobachter*. Gemeint ist jedoch vermutlich die Gründung der »Münchner Gesellschaft 1926« am 2.11.1926 im Saal der Buchhandlung Steinicke, da Graf auf der von ihm erwähnten Veranstaltung den Vorschlag für einen Münchener Dichterpreis gemacht hat. Diesen Vorschlag wiederholt er in der bereits erwähnten *Zwiebelfisch*-Ausgabe von 1926/27 zur Kunststadtdebatte. Auf dieser Veranstaltung hat Thomas Mann die Eröffnungsrede gehalten, die in der *Zwiebelfisch*-Ausgabe dokumentiert ist und die einzelne Passagen des Vorworts zur Veranstaltung am 30.11.1926 zum »Kampf um München als Kulturzentrum« enthält. Insbesondere die Beschreibung der kulturellen Situation vor 1914 ist in beiden Reden enthalten: »Es war eine Atmosphäre der Menschlichkeit, des duldsamen Individualismus, der Maskenfreiheit sozusagen; eine Atmosphäre von heiterer Sinnlichkeit, von Künstlertum; eine Stimmung von Lebensfreundlichkeit, Jugend, Volkstümlichkeit, jener Volkstümlichkeit, auf deren gesunder, derber Krume das Eigentümlichste, Zarteste, Kühnste, erotische Pflanzen manchmal, unter wahrhaft gutmütigen Zuständen gedeihen konnte.«[56]

In der Rede am 30.11.1926 bezieht sich Mann vor allem auf die Kulturpolitik, ruft die Geschichte der Stadt nochmals auf und betont Münchens einstige Rolle als Zentrum und Kunststadt mit einer starken Bindung der Peripherie an das Zentrum. Er erinnert auch an die Geschichte der Stadt in literarischer und kultureller Hinsicht mit Verweisen auf die Romantik, den libe-

---

[55] Graf: *Gelächter von außen*, S. 394f.
[56] Mann: *Rede zur Eröffnung der »Münchner Gesellschaft 1926«*, S. 3.

ralen und »heiteren« Humanismus sowie die Bohemekultur und betont die Notwendigkeit, das Geistige politisch zu denken:

> »Es gärt in München. Ein Joch will abgeschüttelt sein, das auf der Stadt liegt, das sie niederhält, herunterbringt, ihren Namen, diesen einst guten, gastlichen, freien und frohen Namen, geschädigt hat bei Deutschen und Fremden. [...] Wir mußten es erleben, daß München in Deutschland und darüber hinaus als Hort der Reaktion, als Sitz aller Verstocktheit und Widerspenstigkeit gegen den Willen der Zeit verschrien war, mußten hören, daß man es eine dumme, die eigentlich dumme Stadt nannte. [...] Dies ist nun freilich ein Zeichen der strengen Zeit, daß sie das Höchste und das Realste als Eines zu begreifen zwingt, das Reale im Geistigen, das Geistige im Realen als gegenwärtig zu erkennen uns anhält, daß sie selbst politisch ist, auch wenn wir es nicht sein möchten, und daß es ganz ohne Politisches nicht abgeht, sobald wir, aus einer ethischen Gutwilligkeit, die sie uns danken mag oder nicht, Dienst bei ihr nehmen.«[57]

Da Mann sich in der Veranstaltung am 30.11.1926 ausdrücklich gegen den Faschismus wendet, erinnert sich Graf wohl an die Veranstaltung im Steinicke-Saal. Er stellt die mangelnde Bereitschaft der Redner zur Diskussion, das politische Problem zu benennen: »Außer den Präsidenten der verschiedenen Künstlervereinigungen sprach auch Thomas Mann, und alles was Namen und Glanz hatte, war da. Kein offen empörtes Wort gegen die Unruhestifter fiel. Zartsinnig und geistvoll wurde Münchens ruhmreiche Kunstvergangenheit geschildert [...]. Ziemlich enttäuscht klatschten wir jedes Mal Beifall.«[58]

Die Rede Thomas Manns im Steinicke-Saal ist verhaltener und unspezifischer in Hinsicht auf die Bedrohungen der Gegenwart. Er unterstreicht den Bedeutungsverlust der Stadt München, beschwört aber insbesondere die Zukunft Münchens als einer »geistigen, geistfreundlichen, geistwilligen«[59] Stadt. Man kann sich leicht vorstellen, dass die ungenaue Benennung der Probleme der Gegenwart der Stadt auf Graf befremdlich bürgerlich gewirkt haben muss. Im *Zwiebelfisch* rekurriert er auf Manns Rede und entwickelt dazu einen konkreten Vorschlag für einen Dichterpreis:

---

[57] Mann: *Kampf um München als Kulturzentrum*, S. 8 f.
[58] Graf: *Gelächter von außen*, S. 447 f.
[59] Mann: *Rede zur Eröffnung der »Münchner Gesellschaft 1926«*, S. 4.

»Das sanfte Schlummerlied über Münchens Niedergang als Kunst- und Kulturstadt wirkt allmählich langweilig. Geändert hat sich nichts. Die Abwanderung geht weiter. Es ist übrigens bezeichnend, daß man bei all diesen Diskussionen die Jugend und das schöpferische Werdende völlig übergeht. Es ist bezeichnend für den Zusammenbruch, bezeichnend vor allem aber auch für den Geist dieser Wiederaufrichter.

Gehen wir nicht lange um den Brei herum. Seit ich gelegentlich einer Diskussion die Frage: ›Was ist's mit einem Münchner Dichterpreis?‹ aufgeworfen habe, hat sich nicht das mindeste gerührt. Öfters als einmal sind hiesige Zeitungen aufgefordert worden, zu dieser Forderung Stellung zu nehmen oder wenigstens eine öffentliche Diskussion darüber zu veranstalten. Die Kulturblätter haben es abgelehnt. Aus welchen Gründen ist unerfindlich.

Nun bleibt nichts anderes übrig, als an dieser Stelle zu wiederholen: ›Wie denkt die Münchner Stadtverwaltung über einen Dichterpreis?‹ Ich mache kein Hehl daraus, daß ich dabei in meinem eigensten Interesse spreche, und kann dies als unverschämt auffassen. Alles Direkte ist in gewisser Weise unverschämt.

Aber weil wir schon beim ›Dichterpreis‹ sind – ich würde es aufs schärfste bekämpfen, wenn die Verteilung eines solchen durch ein sogenanntes Begutachterkollegium zustande käme.

Nicht einen ›Dichterpreis‹ habe ich im Auge, sondern eine jährliche Ehrengabe an hiesige Schriftsteller (und natürlich auch hier ansässige), die lediglich den Zweck hat, dem also ›Beschenkten‹ ein sorgenloses Jahr zum Schaffen zu ermöglichen. Die um Münchens Aufstieg besorgten ›Kulturstellen‹ haben das Wort.

Oskar Maria Graf.«[60]

Die schon erwähnte vergebliche Auseinandersetzung mit Hofmiller lässt bereits ahnen, dass Graf den Preis nicht erhalten hat, obwohl er auf Vorschlagslisten auftauchte.[61] Dennoch setzt Graf seine Politik gegen die Kulturpolitik und die Preisverleihung an einen ausgewählten Autorenkreis nicht-moderner Provenienz literarisch fort. Willy Seidel, der zweite Preisträger, wird z. B. in *Gelächter von außen* zum Gegenstand des Spotts. Die Pointe der Anekdote ist schnell zusammengefasst: Der Sammler von Erotica

---

[60] *Zwiebelfisch*, H. 1 1926/27, S. 17f.
[61] Eine ausführliche Darstellung der Entstehung des Preises und der Preisverleihungen gibt Hermann (vgl. Hermann: *Kommunale Kulturpolitik*, S. 287–297). Zu den Preisträgern gehörten vor 1933 Hans Carossa, Willy Seidel, Josef Magnus Wehner, Hans Brandenburg und Ruth Schaumann.

Oskar Maria Graf stellt den Sammler von Erotica Willy Seidel in der bürgerlichen Öffentlichkeit seiner Sammelleidenschaft wegen bloß.[62] Dies entspricht einer Haltung, die Gerhard Bauer grundsätzlich im Werk Grafs beobachtet hat, wenn er festhält, das die »spezifische Dynamik und Entwicklung seiner [Grafs, Anm. W. F.] erdichteten Proteste« auf der Kunst der Negation aufbauen, die jeweils relativ zum behandelten Gegenstand Ablehnung und Widerspruch formuliert.[63] Der Einspruch wird in der Kalendergeschichte »Der Ruhm trügt« wiederholt, einer literarischen Widerspiegelung sowohl der Kunststadtdebatte als auch der Vorkommnisse um den Dichterpreis. Die Hauptfigur, der Lehrer Jakob Torberger, trägt autobiographische Züge. Preis und Kunststadtdebatte werden in einem Dialog zwischen dem Dichter Max Lawan und dem Maler Schattier dargestellt:

> »›Die Stadt ist auf dem Hund, basta! ... Der Preis macht's auch nicht! Und übrigens – wir kriegen ihn alle nicht! Keine Angst! ... Irgend so ein dämliches, reaktionäres Schwein kriegt ihn und die Blamage ist noch eklatanter!‹ ›Wißt ihr, wie mir diese Wiederbelebungsversuche unserer ›Kunststadt‹ vorkommen? [...] Wie eine alte Kokotte, die sich schnell vor dem endgültigen Ableben noch aufplustern will ... Ha, schon dieses nette Gremium der Preisrichter ... Wunderbar, sowas! Ganz bißchen rot, viel rosa Schminke, den katholischen Salm dazu mit Gold und Weihrauch.‹«[64]

Der Erzähler bestätigt nach dem Gespräch den Niedergang der Stadt zu einer »Art von provinzieller Durchgangsstation«[65], er autorisiert die Sicht der Figuren mit dem späteren selbstironischen Hinweis, »irgend jemand« habe den Preis zur Verbesserung der Lage weitergegeben. In den Debatten um den ersten Preisträger – Torberger zählt zu den Kandidaten – offenbart die Geschichte ein trostloses kulturelles Milieu, das den Underdog als neuen ästhetischen Kitzel integriert. Die abschließende melancholische Geste wendet sich nicht nur gegen die konservative Kulturpolitik, sie resigniert auch vor der Gemütlichkeit

---

[62] Graf: *Gelächter von außen*, S. 452 f.
[63] Gerhard Bauer: *Grafs Kunst der Negation*. In: *Oskar Maria Graf-Jahrbuch 1994/95*. München 1995, S. 252–273, hier: S. 255.
[64] Oskar Maria Graf: *Kalendergeschichten II. Geschichten aus der Stadt*. München 1994, S. 64.
[65] Graf: *Kalendergeschichten II*, S. 65.

einer entzauberten Stadt: »aber dieses Siegen [des Individuums, Anm. W. F.] war stets ein unbegriffenes Unterliegen«.[66] In dieser Formulierung dürfte Graf einen der prägnantesten Sätze seines Bildes der 1920er Jahre geleistet haben. Die Stadt, einst eine »heimliche Geliebte«, ist entzaubert, ihre Bewohner sind Verlierer des Modernisierungsprozesses.

---

[66] Graf: *Kalendergeschichten II*, S. 80.

Ulrich Kaufmann
»War je ein Bäcker ein wirklicher Schriftsteller geworden?«

Erwin Strittmatters Interesse an Oskar Maria Graf

I.

Zwischen Oskar Maria Graf und Erwin Strittmatter gibt es viele Berührungspunkte, unmittelbare und mittelbare. Begegnet sind sich die beiden Autoren nie, obgleich dies 1964 möglich gewesen wäre, als der bayrische »Volksschriftsteller« aus Anlass seines 70. Geburtstages in Berlin zum Korrespondierenden Mitglied der Akademie der Künste der DDR ernannt wurde. Willy Bredel, Stephan Hermlin, Ludwig Turek und andere Kollegen nahmen an dieser Feierstunde teil.[1] Der junge, als Dichter noch unbekannte Wulf Kirsten fuhr seinerzeit eigens nach Ost-Berlin, um seinen Briefpartner Graf persönlich zu treffen. Zu einer Begegnung kam es allerdings gleichfalls nicht.

Strittmatter, zu jener Zeit Vizepräsident des Schriftstellerverbandes der DDR als auch Akademiemitglied, war 1964 vor allem mit *Ole Bienkopp* (1963), namentlich mit dessen Folgen beschäftigt. In dem Roman hatte er erzählt, wie sein Protagonist, gleichermaßen Parteiarbeiter und Querkopf, tragisch scheitert, obgleich so etwas, nach offizieller Lesart, im Sozialismus gar nicht möglich war. Strittmatter hatte zudem die Bürgermeisterin Frieda Simson deftig karikiert und sowjetische Methoden der Landwirtschaft (den Rinderoffenstall etwa) in Frage gestellt. Diese und weitere Sichtweisen führten zu einem regen Meinungsstreit, vor allem jedoch zu inszenierten Kampagnen gegen das Buch.

Der Romanautor wandte sich nach diesen Erfahrungen mehr den epischen Kleinformen zu, mit denen er an die volkstüm-

---

[1] Vgl. Ulrich Kaufmann: »*Du weißt, Deine Bücher mag ich.*« Oskar Maria Graf und Willi Bredel. In: *Jahrbuch 2001 der Oskar Maria Graf-Gesellschaft.* Hrsg. von Ulrich Dittmann und Hans Dollinger. München 2001, S. 48–55.

liche Tradition der Kalendergeschichte anknüpfte: Es erschienen der *Schulzenhofer Kramkalender* (1966) und *3/4 hundert Kleingeschichten* (1971). In jedem besseren Literaturlexikon kann man lesen, dass Strittmatter neben Hebel, Gotthelf, Graf, Brecht und Volker Braun zu den Meistern der deutschen Kalendergeschichte zu rechnen ist. Erwin Strittmatter bevorzugt die Kleinform dieses Genres. In seinen Texten, die oft nicht länger als eine halbe Druckseite sind, erweist sich der Autor immer wieder als genauer Naturbeobachter.

Grafs *Kalendergeschichten* von 1929 sind weitaus umfangreicher und folgen den Stationen seiner Biografie, indem sich den »Geschichten vom Land« die »Geschichten aus der Stadt« anschließen.

Graf und Strittmatter hatten beide Kontakt zu Bertolt Brecht. Graf ist dem Dramatiker bereits in den zwanziger Jahren während seiner Zeit als Dramaturg der Münchner Arbeiterbühne und später im New Yorker Exil begegnet. Der Lyriker Brecht hat Graf mit seinem Gedicht »Die Bücherverbrennung« (1939), ohne dort Grafs Namen zu erwähnen, ein bleibendes literarisches Denkmal gesetzt.[2]

Brecht wurde durch den Arbeiterschriftsteller Hans Marchwitza auf den jungen Autor Strittmatter aufmerksam gemacht. Aus den Vorarbeiten zu dem Stück »Katzgraben – Szenen aus dem Bauernleben« schufen beide ein Schauspiel, welches 1953 am Berliner Ensemble zur Aufführung kam. Der Nationalpreis III. Klasse, für den sich Brecht mit Nachdruck eingesetzt hatte, half Strittmatter, seinen Traum von einem Anwesen auf dem Lande zu verwirklichen. Der Schulzenhof wurde der Lebens- und Arbeitsmittelpunkt des Dichterpaares Eva und Erwin Strittmatter.

Wesentlicher aber ist, dass Brecht mit Strittmatter einem sprachmächtigen Autor begegnete, der, auch wenn er nicht eigentlich Dramatiker war, ein Gespür für Konflikte in der sich etablierenden neuen Gesellschaftsordnung mitbrachte.

Strittmatter erfuhr durch den »listigen Augsburger«, den

---

[2] Vgl. Ulrich Kaufmann: *Oskar Maria Grafs Ärger mit dem jungen Brecht.* In: *Jahrbuch 1993 der Oskar Maria Graf-Gesellschaft.* Hrsg. von Ulrich Dittmann und Hans Dollinger. München 1993, S. 95–99.

er im dritten Teil des Romans *Der Wundertäter* Lukian List nennt und über den er köstliche Anekdoten überlieferte, vielfältige Förderung. Er ging aber auch aufs Land, um nicht Tag und Nacht für Brecht zur Verfügung zu stehen. Um sein Werk zu entfalten, brauchte Strittmatter Freiräume.

Schulzenhof wurde für Strittmatter sein Jasnaja Poljana. Tolstoj war für Strittmatter und gleichermaßen für Graf ein Leitstern erster Ordnung. (Die Tolstoj-Rezeption der beiden Autoren aber wäre ein eigenes Kapitel.)

Bei Strittmatter finden sich poetologische Reflexionen und Auseinandersetzungen mit literarischen »Vorbildern« in der Regel in den Romanen und Erzählungen selbst. Graf hingegen hat derartige Überlegungen eher essayistisch behandelt. Im Gegensatz zu Strittmatter hinterließ er ein beträchtliches essayistisches Werk, zu dem auch sein Aufsatz »Tolstoj als weltgeschichtliches Ereignis« (1960) gehört. Ein Großteil dieser »Nebentexte« waren für Graf, vor allem im Exil und der Diaspora, Brotarbeiten.

Beiden Autoren, um eine weitere Gemeinsamkeit nur anzudeuten, ist eine besondere Affinität zu bildenden Künstlern eigen. Graf unterhielt vor allem in seiner Münchner Bohemezeit intensive Kontakte zu Malern. Die frühen Arbeiten, die er über seine Malerfreunde schrieb, hat er später eher gering geschätzt.

Von dem Ehepaar Strittmatter weiß man, dass es viele Maler unterstützte. Darunter waren nicht nur jene, die Erwin Strittmatters Erzählungen, Romane und Kinderbücher illustrierten. Der Schulzenhof ist auch ein kleines, noch nicht zugängliches Museum mit einem beträchtlichen Bestand von Werken der bildenden Kunst der DDR.

Hervorzuheben bleibt auch, dass Graf und Strittmatter eine besondere Sympathie für Menschen und Landschaften der Sowjetunion besaßen. »Grusien [Grusinien ist die russische Bezeichnung für Georgien – U. K.], das ist Bayern, Serjoscha! ... Hier gefällt's mir, siehst du, Grusien, das hat keine so trockene Disziplin ... Das ist wie bei uns in Bayern!«[3] Dies schreibt Graf in seinem Bericht *Reise nach Sowjetrußland 1934*, in dem er

---

[3] Oskar Maria Graf: *Reise nach Sowjetrußland 1934*. Hrsg. von Rolf Recknagel. Berlin 1974, S. 170 f.

unter anderem seine tiefe Sympathie für Sergej (»Serjoscha«) Tretjakow, ein späteres Opfer des stalinistischen Terrors, in Worte fasst.

Erwin Strittmatter besuchte 20 Jahre nach Graf an der Seite von Anna Seghers erstmals die Sowjetunion. Diesmal war der »2. Allunionskongress der Sowjetischen Schriftsteller« in Moskau der Anlass des Besuchs. Auf diesem Dichtertreffen ergriff auch Strittmatter das Wort. Nüchtern heißt es in der Rückschau: »In unserer Reisetasche befinden sich keine Rezepte, weder für den sozialistischen Realismus noch für den positiven Helden ... Viele neue Fragen sind aufgekeimt. Die Lust zum Experimentieren ist angeregt worden.«[4] Ein besonders enges Verhältnis hatte er zu dem »Dissidenten« Lew Kopelew, mit dem auch er sich ausgiebig in Georgien umschaute. Zu seinen engsten Freunden gehörten Germanisten (!) aus Georgien.

II.

Als ich 2010 das erste Mal im Lausitzer Bohsdorf den Strittmatterschen Bäckerladen betrat, kam der dringliche Wunsch auf, dem Thema Strittmatter und Graf erneut nachzugehen. Strittmatters Beschäftigung mit Graf hatte mich bereits seit den siebziger Jahren interessiert.[5] Durch die Verfilmung aller drei Teile des Romanzyklus *Der Laden* (1998) in der Regie des Münchner Filmemachers Jo Baier wurde der Laden in Bohsdorf, in Strittmatters Romanen Bossdom genannt, für viele (namentlich ostdeutsche) Leser und Fernsehzuschauer zu einem Wallfahrtsort. Baier hatte gemeinsam mit Ulrich Plenzdorf das Drehbuch geschrieben. Der letzte Band der *Laden*-Trilogie (1992) hatte eine Startauflage von 100 000 Exemplaren und wurde auch vom Feuilleton in Hamburg, Frankfurt a. M. und anderswo wahrgenommen. Der Romancier, der 1994 starb, in dem Jahr, in dem in München Grafs 100. Geburtstag gefeiert wurde, konnte die Filmtrilogie nicht mehr selbst sehen.

Erwin Strittmatters Bruder Heinrich nutzte den Sog, den die Filme auslösten, und errichtete im elterlichen Bäckerladen ein

---

[4] Erwin Strittmatter: *Eine Biographie in Bildern*. Berlin 2002, S. 108.
[5] Vgl. Ulrich Kaufmann: *Oskar Maria Graf. Rebell, Erzähler, Weltbürger. Studien und Materialien*. München 1994, S. 130.

authentisches Erwin-Strittmatter-Museum. Sein eigenes Bad ließ er zurückbauen, damit die Backstube, in der sein Bruder große Teile seines ersten Romans *Ochsenkutscher* (1950) geschrieben hatte, wieder ihre ursprüngliche Gestalt erhielt.

Als 2008 bekannt wurde, dass Strittmatter gegen Ende des Krieges in einer Polizeieinheit gedient hatte, die man später der SS zuordnete,[6] wurden in Spremberg (der Autor nennt die Kleinstadt in den Romanen sorbisch Grodk) Stimmen laut, den Namen »Erwin-Strittmatter-Gymnasium« abzulegen. Zudem sei Strittmatter »nur« ein Bauerndichter gewesen und habe an der »hohen Schule«, die noch immer seinen Namen trägt, nicht einmal das Abitur abgelegt. (Im zweiten Teil des *Ladens*, 1987 erschienen, erfährt der Leser die Gründe, die zur Relegation des begabten Esau Matt geführt hatten.)

III.

Strittmatter hat sich in seinem viel diskutierten dritten Band des Romans *Der Wundertäter* (1980) zu Graf bekannt. In einer satirisch gefärbten Episode des 15. Kapitels lässt er den Kreisparteisekretär Auenwald zu Beginn der fünfziger Jahre über sich und den Wundertäter, den Schriftsteller Büdner, nachdenken: »Auch du könntest ja wohl einen Roman über dein Leben schreiben, sagt er sich. Aber woher die Zeit nehmen? Woher hatte übrigens Büdner die Zeit genommen? Er war gewiß mit seinem Redakteursposten nicht ausgelastet. Auenwald befragte seine Wissenskartei nach den ursprünglichen Berufen von Schriftstellern. War je ein Bäcker ein wirklicher Schriftsteller geworden? Bredels Urberuf war Schlosser, Lekaschs [gemeint ist Hans Marchwitza, dem Strittmatter seinen Romanerstling *Ochsenkutscher* widmete, U.K.] Urberuf Kesselschmied, Renn war Feudalist, und Becher und Brecht wurden als Dichter geboren, stellte er fest. Unter dem Buchstaben G aber traf er gleich auf zwei Schriftsteller, die Bäcker waren: Gorki und Graf, und

---

[6] Vgl. *Metzler Lexikon DDR-Literatur. Autoren – Institutionen – Debatten.* Hrsg. von Michael Opitz und Michael Hofmann. Stuttgart 2009, S. 330, und Joachim Jahns: Erwin Strittmatter und die SS. Querfurt 2012.

beide waren parteilos. Das war eine Nuß für Auenwald: überall, auf der Parteischule, auf Lehrgängen und im Parteileben, wurde darauf hingewiesen, daß Parteizugehörigkeit und Ideologisierung die Qualität eines Menschen, ob Fabrikarbeiter, ob Bauer, Intellektueller, Funktionär oder Künstler, erhöhe.«[7]

In einer Überarbeitungsphase hat Strittmatter – wie vor ihm Cervantes und Grimmelshausen – jedes Kapitel seines Romans (*Wundertäter III*) mit einem die Handlung vorwegnehmenden Kurztext versehen. Der »Prolog« zum 15. Kapitel, in dem von Gorki und Graf die Rede ist, lautet: »Büdner stürzt seinen Kreissekretär in literaturtheoretische Schwierigkeiten, verhilft einem anderen Sekretär unbeabsichtigt zu einem Necknamen und erwirbt sich dessen treue Feindschaft.«[8] Schon der Vortext verweist auf sehr verschiedene Typen von Parteifunktionären, mit denen es der Schriftsteller Büdner zu tun hat. Satirisch geschildert werden der Kreissekretär Auenwald, der sich stetig Wissen aneignet, um eine eigene Meinung ringt und ständig grübelt, sowie der Agitationssekretär, dem der Autor den sprechenden Namen Wummer verpasst. Dieser nennt seinen Vorgesetzten heimlich einen »furzlauen Ersten« und giert nach dessen Posten. Wummer, der sich in der Figur des dienernden Untertanen Wimmer aus Büdners Romanerstling »Damals in der Kindheit« wiederzuerkennen glaubt, läuft Sturm gegen Büdner, den Autor. Fortan heißt der Agitator bei Freund und Feind nur noch Wimmer. Wimmer/Wummer wird als ein Mann mit einer »falschen Autorität« gezeigt, der sich über Jahre stets vor körperlich schwerer Arbeit zu drücken wusste. Sein »Aufsehernaturell«, sein Wirken als Feldwebel bei »Adolfen« war den Älteren bekannt. Auch hatten sie nicht vergessen, dass dieser Sekretär vor 1945 den Krieg als »Vater aller Dinge« gepriesen hatte. Nunmehr verstand er sich als ein von Stalin gesandter Lehrer, der nicht oft genug betonen konnte, dass der »Frieden der Vater aller Dinge« sei.

Der Kreissekretär indessen wälzte, wie erwähnt, »literurthe-

---

[7] Erwin Strittmatter: *Der Wundertäter*. Band III. Berlin/Weimar 1980, S. 159.
[8] Ebd., S. 158.

oretische« Probleme. Auenwalds Überlegungen hielten vollständig Einzug in eine Strittmatter-Bildbiografie, die 2002 erschien. »Auenwald hatte in letzter Zeit häufig über das Problem ›Partei und Dichter‹, wie er es nannte, nachgedacht. Nicht nur Gorki und Graf waren parteilos, hatte er festgestellt, auch Brecht war es, obwohl er in den Zeitungen wie ein kommunistischer Dichter ›abgehandelt‹ wurde. [...] Gewiß handhabe man es in den Zeitungen, auch im Partei-HAUPTBLATT, so, weil Gorki ein Genie war und Brecht ein Genie ist. Der Begriff Genie war, seines Wissens, marxistisch noch nicht geklärt.« Ein »Schweifenlassen der Gedanken, schien ihm, war unter Parteidisziplin knapp möglich. Er dachte das nur leise; es war Ketzerei zu jener Zeit [...]. Nach einigen Tagen aber kamen ihm Bedenken; seine ›schöpferische Krise‹ brach aus: Er entdeckte, dass seine selbstgebastelte Theorie umkehrbar war und dann besagte, dass jemand, der der Partei angehöre, nimmermehr ein Genie sein könne.«[9] Völlig zu Recht behauptet der Kreissekretär Auenwald, Stanislaus Büdner, Redakteur, Schriftsteller und das Alter Ego des Autors, sei als ehemaliger Bäcker Berufskollege von Maxim Gorki gewesen. Man muss indessen zu den Originaltexten des russischen Schriftstellers greifen, um Belege für diese Aussage zu finden. In Lexika der DDR sucht man vergebens nach Auskünften zu diesem Sachverhalt.[10]

In dem Band *Meine Universitäten* (1923), dem letzten Teil der von Graf außerordentlich geschätzten autobiografischen Trilogie, finden sich fast hundert Seiten, welche die Bäckerzeit des späteren Dichters zum Erzählhintergrund haben. Die Zeit als Bäcker dient in der Autobiografie gewissermaßen als Folie, um Gorkis Qualen in der Pubertät, prägende Lektüreeindrücke und seine Kontakte zu oppositionellen, intellektuellen Zirkeln zu schildern. Vom Leben im zaristischen Russland (Alkoholismus, brutaler Umgang mit Frauen usw.) wird in diesen Passagen in aller Härte erzählt. Seine Zeit als Bäcker, sagt Gorki (der Bit-

---

[9] Ebd., S. 168.
[10] Vgl. *Lexikon Fremdsprachiger Schriftsteller*. Band I. Hrsg. von Gerhard Steiner, Herbert Greiner-Mai und Wolfgang Lehmann. Leipzig 1977, S. 614 f.

tere), habe er bereits in seinen Erzählungen »Der Prinzipal« (in einer anderen Übersetzung heißt der Text »Der Brotherr – Eine Seite aus der Selbstbiographie«), »Konowalow« und »Sechsundzwanzig und Eine« geschildert. Im letzten Band seiner autobiografischen Trilogie ist davon die Rede, dass der großwüchsige Maxim Peschkow als Minderjähriger zentnerschwere Mehlsäcke schleppt, oft mehr als 12 Stunden schuftet und unter chronischem Schlafmangel leidet. Zeit zum Lesen findet er oft nur in den Phasen, in denen sich der Teig im Gärungsprozess befindet. »Es war eine sehr schwere Zeit! Aber ich habe viel gelernt damals. Das Leben war physisch sehr schwer und moralisch noch viel schwerer.«[11] Strittmatters Idee, im Roman Gorki und Graf in einem Atemzug zu nennen, regt zu weiteren Überlegungen an. Dabei ist nicht nur wesentlich, dass beide Bäcker waren und keiner Partei angehörten.

Immer wieder ist Graf als »bajuwarischer Gorki« oder, etwas abfällig, als »Voralpen-Gorki« bezeichnet worden. Bereits 1912 hatte Graf (gemeinsam mit seinem Malerfreund Georg Schrimpf) in Locarno und später bei Capri erfolglos versucht, den russischen Erzähler und Dramatiker zu treffen.[12] Grafs ausgiebiger Nekrolog auf den sowjetrussischen Autor (1936) war, soweit ich sehe, in der DDR nicht gedruckt, d.h. auch Strittmatter wohl nicht zugänglich. Die »Nachschrift« Grafs zu seinem berühmten Protestbrief »Verbrennt mich!« (1960) dürfte wohl gleichfalls eher im westlichen als im östlichen Teil Deutschlands rezipiert worden sein. Darin heißt es: »Ich war nie Parteisozialist und habe mir nicht erst von marxistischen Schriftgelehrten sagen lassen müssen, was Sozialismus ist. Mir ist – um mit Gorki zu reden – ›mein Sozialismus von Kind an auf den Rücken geprügelt worden.‹«[13]

Im Jahr 1977, als Strittmatter vor dem Abschluss des *Wundertäter III* stand, erschien in der DDR erstmals Grafs *Reise nach Sowjetrußland 1934*. Darin schildert dieser authentisch, wie er Maxim Gorki als zentrale Figur des internationalen Schriftstel-

---

[11] Maxim Gorki: *Meine Universitäten*. Berlin 1961, S. 59.
[12] Vgl. Rolf Recknagel: *Ein Bayer in Amerika*. Berlin 1974, S. 49.
[13] Oskar Maria Graf: *An manchen Tagen*. München 1985, S. 16 f.

lerkongresses in Moskau erlebt hat. Graf erzählt aber auch von kurzen persönlichen Augenblicken, in denen er mit Gorki zusammentraf. »Zum letzten Mal sah ich Maxim Gorki auf dem schon erwähnten Bankett der Dichter des Fernen Ostens im Moskauer Haus der Schriftsteller. Demjan Bedny führte mich zu ihm, weil Gorki es gewünscht hatte. Während ich mit Bedny durch den Saal schritt, sagt dieser: ›Du musst zu uns kommen ... Alexej Maximowitsch liebt solche wie du.‹ [...] Ich drückte Gorki fest die Hand, er sah mich an und streichelte sie. Er murmelte etwas, das sehr väterlich klang.«[14]

Es ist gut möglich, dass Strittmatter den von Rolf Recknagel betreuten, im Verlag der Nation erschienenen Reisebericht gekannt hat. Welche Graf-Titel sich insgesamt im Schulzenhofer Nachlass Strittmatters befinden, der zum Umzug in die Akademie der Künste nach Berlin vorbereitet wird, ist noch nicht mit Sicherheit zu sagen. Strittmatter erwähnt in einem noch vorzustellenden Brief im Jahre 1978 den von ihm geschätzten Band *Mitmenschen* (1950), der bis heute auch für Wulf Kirsten der wichtigste Graf-Titel ist.[15]

Jakob Strittmatter hat mir im Frühjahr 2011 telefonisch versichert, dass er unter den Büchern seines Vaters auf die dickleibige Ausgabe von *Das Leben meiner Mutter* stieß, welche 1946 erstmals im Münchner Desch-Verlag herauskam. Für den Autor des *Laden*-Zyklus könnte Grafs Exilroman folgenreich gewesen sein.
 Strittmatter hat Teile seines Werks als Trilogien angelegt. Dies gilt für die Romane *Der Wundertäter* (1957, 1973, 1980) als auch für die *Laden*-Bände (1983, 1987, 1992). (Die »Briefe aus Schulzenhof«, die Eva Strittmatter oftmals im Namen ihres Mannes schrieb und 1977, 1990 und 1995 edierte, liegen gleichfalls in drei Bänden vor.)

---

[14] Graf: *Reise nach Sowjetrußland*, S. 86 f.
[15] Vgl. Wulf Kirsten: *Leserbrief. Oskar Maria Graf nicht zu vergessen*. In: *Jahrbuch 1993 der Oskar Maria Graf-Gesellschaft*. Hrsg. von Ulrich Dittmann und Hans Dollinger. München 1993, S. 30–32.

Die großen autobiografischen Bücher Grafs *Wir sind Gefangene*, *Das Leben meiner Mutter* und *Gelächter von außen*, die der Autor in der Zeit der Weimarer Republik, im Exil bzw. in der Diaspora schrieb, könnte man gleichfalls als Trilogie lesen. In der *Chronik von Flechting* (1925) hatte Graf bereits die väterliche Linie seiner Familie episch erkundet. Das Geschlecht der Familie Farg (anagrammatische Verschlüsselung von Graf) stirbt nach dem Willen des Autors aus.

In seinem Hauptwerk *Das Leben meiner Mutter* (1940) schildert der Sohn der Bauerntochter Therese Heimrath und des Bäckers Max Graf, der bereits 1906 starb, die Geschichte seiner Familie. Im Zentrum steht »das ganz im Passiv gelebte Leben der Titelfigur«. Therese Graf wird als realistischer Gegenentwurf zum nationalsozialistischen Mutterkult und zur Blut-und-Boden-Ideologie gezeigt. Graf macht begreiflich, dass alle geschilderten Vorgänge – wie übrigens in Strittmatters *Laden*-Romanen auch – »genau ökonomisch-sozial fundiert« sind. Grafs zweigeteiltes Buch (»Menschen der Heimat« und »Mutter und Sohn«) lebt von den Spannungen zwischen Vater (bzw. dem erstgeborenen Sohn Max) und der Mutter des Erzählers. Gleiches könnte man von Strittmatters später Trilogie sagen, nur dass Esau Matts sorbisch geprägte Mutter viel energischer in die Geschicke des häuslichen Ladens eingreift, als Therese Graf dies tut, die ohne große Worte über Jahrzehnte hinweg im Hintergrund ihre Arbeit verrichtet. Grafs Mutter, die 1934 stirbt, als der staatenlose Dichter die Sowjetunion besucht, wird als »Allegorie des Volkes«[16] gegen Ende des Buches verklärt.

Strittmatters Alterswerk *Der Laden* ist der erste Roman des Autors, welcher einen Ort und nicht den Protagonisten des Werks im Titel führt. Im Mittelpunkt steht der elterliche Bäckerladen in Bossdom, der von der geschäftstüchtigen Mutter geführt wird. Der Bäckerladen ist ein Zentrum des Dorfes und damit auch Umschlagplatz für Klatsch und Tratsch. Dem letzten Band der

---

[16] Ulrich Dittmann: *Oskar Maria Graf »Das Leben meiner Mutter«*. In: *Reclams Romanlexikon*. Band 4, 20. Jahrhundert II. Hrsg. von F. R. Max und Ch. Ruhrberg. Stuttgart 1999, S. 27.

Trilogie hat Strittmatter ein Schopenhauer-Motto vorangestellt, in dem es heißt: »so sind die Vorgänge eines Dorfes und eines Reiches im Wesentliches die selben; und man kann am Einen, wie am Anderen, die Menschheit studieren und kennen lernen.« Die Beobachtung der Menschen im Bäckerladen des Niederlausitzer Dorfes wird für Esau Matt, der, wie Oskar, Schriftsteller werden will, zu einem Tor zur Welt.

Die Romanhandlung setzt 1919 mit dem Umzug der Matts nach Bossdom ein. Esau, zu Beginn sieben Jahre alt, begreift, dass seine oftmals zerstrittenen Eltern ohne die ökonomische Hilfe der Großeltern mütterlicherseits, die gleichfalls im Haus wohnen, den Laden nicht würden führen können.

Der zweite Band, der von den Jahren 1924 bis 1927 erzählt, behandelt im Zentrum die Jahre, die Esau an der »hochen« Schule in der Kleinstadt Grodk verbringt. Als Junge aus einfachen Verhältnissen, der auch sorbische Wurzeln hat, wird er gehänselt und leidet unter autoritären Lehrern. Esau studiert die Spannungen zwischen Sorben und Deutschen. Ihm entgeht nicht, dass sein Vater eine gewisse Sympathie für die stärker werdenden Nationalsozialisten empfindet. Am Ende des zweiten Bandes wird Esau ohne Schulabschluss relegiert, da er seinen Deutschlehrer, der ihn mehrfach öffentlich gedemütigt hatte, vor der Klasse ins Gesicht schlägt. Später erlernt Esau in Grodk das Bäckerhandwerk. (Im authentischen Abgangszeugnis heißt es: »Nicht versetzt laut Konferenzbeschluß vom 31.III.30. Er verlässt die Anstalt, um Bäckermeister zu werden.«)

Der dritte Band setzt erst 1947 ein, da Erwin Strittmatter seine Wander- und Kriegsjahre in den *Wundertäter*-Bänden bereits geschildert hatte. Esau Matt kommt nach Bossdom zurück, in die nunmehr sowjetisch besetzte Zone. Wieder arbeitet er als Bäcker. Da die Mutter großzügig Brot an Kunden verkauft, unabhängig davon, ob diese eine Lebensmittelkarte besitzen oder nicht, entsteht ein Manko in der Kasse. »Freiwillig« wird der Laden in eine Konsumverkaufsstelle umgewandelt.

Strittmatter schaut mit großem Abstand auf seine frühe Zeit

und betrachtet seine »ideologischen Flausen« und einstmaligen »Welterlösungsträume« nunmehr sehr distanziert. In seinem letzten Roman, der angeregt durch den »literarischen Ausprobierer« Valentin Katajew nicht chronologisch angelegt ist,[17] musste er erstmals »keine Rücksicht auf die politische Praxis der verschwundenen DDR mehr nehmen.«[18]

IV.

Erwin Strittmatters Roman *Der Wundertäter III*, der bereits im März 1978 im Manuskript fertig war, hat eine lange Entstehungsgeschichte. Er wurde von höchsten Stellen über Jahre zurückgehalten. Strittmatters öffentliches Bekenntnis zu seinem Berufskollegen Graf könnte mir damals durch Vorabdrucke des Romans oder durch Rundfunklesungen bekannt geworden sein. Im Frühjahr 1978, kurz vor der Fertigstellung meiner Dissertation zu Grafs autobiografischem Werk, wandte ich mich brieflich an den Erzähler. Mir war seinerzeit sehr wohl bekannt, dass Strittmatter auf typische »Germanistenfragen« nicht immer beglückt reagierte. Als sehr junger Wissenschaftler schrieb ich freilich etwas ungestüm und wenig diplomatisch nach Schulzenhof, um Genaueres zu Strittmatters Graf-Interesse zu erfahren. (Ähnliche Briefe sandte ich an Anna Seghers, Hedda Zinner, Stefan Heym, Wieland Herzfelde, Stephan Hermlin, Franz Hammer und Herbert Jobst.)[19]

Am 8. April 1978 erhielt ich folgende Antwort:

Sehr geehrter Herr Kaufmann,
zu Ihrer Behauptung: »Im Bewusstsein der breiten Öffentlichkeit ist Graf ja wohl weitestgehend unbekannt.«
Es kommt darauf an, wer für Sie die »breite Öffentlichkeit« ist. Wenn Sie Ihre Berufskollegen damit meinen, so könnte schon stimmen, was Sie behaupten. Viele von ihnen folgen

---

[17] Vgl. Erwin Strittmatter: *Der Laden*. Band III. Berlin 1992, S. 30.
[18] Manfred Jäger: *Erwin Strittmatter »Der Laden«*. In: *Reclams Romanlexikon*. Band 4, 20. Jahrhundert II. Hrsg. von Frank Rainer Max und Christine Ruhrberg. Stuttgart 1999, S. 325.
[19] Vgl. Kaufmann: *Oskar Maria Graf. Rebell, Erzähler, Weltbürger. Studien und Materialien*, S. 128 ff.

dem Snobismus ihrer westlichen Kollegen, über alle Literatur, die sich in etwa mit dem Leben der Menschen auf dem Lande befasst, die Nase zu rümpfen. Zur Zeit allerdings lesen gerade die RASPUTIN[20] *aber nicht aus literarischem, sondern lediglich aus politischem Interesse.*

Wenn Sie aber mit der »breiten Öffentlichkeit« die Bevölkerung schlechthin meinen, so unterschätzen Sie sie. Graf ist bei uns (wenigstens in früheren Jahren) durchaus aufgelegt worden. Viele Leute werden Grafs Geschichten über die »Mitmenschen« gelesen haben; nur müssen Sie berücksichtigen, verehrter Herr Kaufmann, dass diese Leser kaum auf den Namen des Verfassers achten. Wie oft habe ich das bei der Benutzung meiner Arbeiten von Durchschnittslesern erlebt!

Was Ihre Frage anbetrifft, welches von Grafs Werken mir am besten gefällt, so finde ich sie einem fünfundsechzigjährigen Schriftsteller gegenüber als etwas unangemessen. Nur das: Ich habe Graf schon gelesen (Mitte der zwanziger Jahre), als er seine Geschichten noch in der Bäckerzeitung veröffentlichte.[21] *Er ist ja ein Berufskollege von mir. Natürlich hat mich sein Dasein angespornt, denn auch ich schrieb ja schon als Bäckergeselle. Nachzulesen in meiner Geschichte von der MINGEDÖ.*[22]

Freundliche Grüße
Erwin Strittmatter

Literaturwissenschaftler haben schon vor Strittmatter auf seine Affinität zu Graf verwiesen. Beide Erzähler, obgleich durch knapp zwei Jahrzehnte Altersunterschied getrennt, hätten für Jüngere traditionsstiftend gewirkt. »Dafür nutzt Jobst [der Erzähler Herbert Jobst, Verfasser der Romantrilogie *Der dramatische Lebensweg des Adam Probst* – U.K.] Traditionen mündlicher Volkserzählung und Erfahrungen solcher

---

[20] Valentin Rasputin, geboren 1937, sowjetrussischer Erzähler, dessen Roman *Abschied von Matjora* (1976) in viele Sprachen übersetzt wurde.

[21] Einige Bäckererzählungen und Gedichte standen in den späten zwanziger Jahren im Jahrbuch der Firma »Diamalt«. Sie wurden im Graf-Jahr 1994 von Wilfried F. Schoeller nachgedruckt.

[22] Die erwähnte Erzählung heißt: *Sulamith Mingedö, der Doktor und die Laus.* In: Erwin Strittmatter: *Meine Freundin Tina Babe.* Berlin 1977.

Schriftsteller wie Oskar Maria Graf, Ludwig Turek und Erwin Strittmatter.«[23] Jobst wies diese These zurück. »Von den drei erwähnten Autoren würde ich Turek gelten lassen, wir liegen etwa auf gleicher Wellenlänge. Ich würde mich sehr freuen, demnächst wissenschaftlich bestätigt zu bekommen, dass ich geistiger Nachfahre von Thomas Mann bin. Es würde meine Kollegen erbosen und mir nützen.«[24]

So unterschiedliche Autoren wie Thomas Mann und Bertolt Brecht haben sich für Schriftsteller interessiert, die völlig andere soziale Erfahrungen machen mussten. Thomas Mann nannte 1948 Graf einen »großen Volksschriftsteller«[25] und Brecht bemerkte, dass Strittmatter »nicht aus dem Proletariat aufgestiegen sei, sondern mit dem Proletariat«[26].

In der Tat waren Graf und Strittmatter Autoren von »unten«, Volks- und Heimatschriftsteller im besten Sinne des Wortes. Sie kamen aus einfachen, provinziellen Verhältnissen, gerieten jeweils in einen der beiden Weltkriege und mussten sich durch schwere körperliche Arbeit in verschiedenen Berufen den Lebensunterhalt verdienen. Dies wurde zum Erfahrungsfond vieler ihrer Bücher. Beide Autoren waren – wie ihr »Mentor« Gorki auch – Autodidakten und beide schafften es jeweils zu einer Ehrendoktorwürde: Graf 1960 an einer amerikanischen Universität und Strittmatter 1987 an einer landwirtschaftlichen Hochschule der DDR. Graf und Strittmatter bevorzugten eine eher traditionelle Erzählweise, die »einfachen« Lesern keine besonderen Rezeptionsprobleme auferlegt. Beide nutzten ihren Heimatdialekt, um die Figuren plastisch erlebbar zu machen. Strittmatters Sprache hat die Besonderheit, dass er die Muttersprache mit der des Vaters mischt. Er verwendet in seinem Alterswerk, der *Laden*-Trilogie, die Sprache der Lausitz, die deutsch und gleichermaßen sorbisch geprägt ist.

---

[23] *Geschichte der Literatur der Deutschen Demokratischen Republik.* Band 11 der *Geschichte der deutschen Literatur von den Anfängen bis zur Gegenwart.* Hrsg. von Horst Haase u. a. Berlin 1976, S. 330.
[24] Herbert Jobst: Brief vom 10.3.78 an den Verfasser.
[25] *Thomas Mann an Graf am 22. Februar 1948.* In: *Thomas Mann. Briefe 1948–1955.* Hrsg. von Erika Mann. Frankfurt 1965, S. 24.
[26] Bertolt Brecht: *Katzgraben. Notate, Schriften zum Theater.* Band VII. Berlin und Weimar 1964, S. 77.

Graf war es nur in der Zeit der Weimarer Republik vergönnt gewesen, regelmäßig im Austausch mit seinen Lesern zu sein. Strittmatter galt über Jahrzehnte als der Volksschriftsteller der DDR schlechthin. Seine Bücher erreichten eine Gesamtauflage von ca. 5 Millionen Bänden. Durch die hohen Auflagen und zahlreichen Lesungen war der Autor (und Pferdezüchter!) Strittmatter zu einigem Wohlstand gelangt. Er erhielt mehrere Nationalpreise und auch die höchste Auszeichnung der DDR, den Karl-Marx-Orden. Strittmatter war seit 1947 Parteimitglied, aber niemals Parteisoldat. Zu keiner Zeit ließ er sich den Mund verbieten.

»Als Erwin Strittmatter am 31. Januar 1994 starb, war das für die Bewohner der neuen Bundesländer der Tod eines Volksschriftstellers – ein Phänomen, für das es in der Alt-Bundesrepublik wohl kein Pendant gibt«, schreibt der Bremer Germanist Wolfgang Emmerich.[27] Strittmatter wurde im Westteil Deutschlands, wenn überhaupt, eher als staatskonformer Schriftsteller wahrgenommen. Bereits 1950 brachte die Büchergilde Gutenberg Strittmatters Romanerstling *Ochsenkutscher* heraus. Weniger Glück hatte der Autor mit dem ersten Teil des *Wundertäters*, den der S. Fischer Verlag nach dem Mauerbau einstampfte. Der Siegbert Mohn Verlag in Gütersloh startete 1965 einen Versuch mit dem Roman *Ole Bienkopp*. Marcel Reich-Ranickis Verkennung des Romans als Blut-und-Boden-Literatur, zu der er aber auch Uwe Johnsons *Jahrestage* rechnete, hat der Strittmatter-Rezeption im Westen Deutschlands gewiss geschadet, zumal auch Fritz J. Raddatz und andere »diesen griffigen Vergleich« bemühten.[28]

Erst bei dem letzten großen Roman *Der Laden* (III) und den sich anschließenden Verfilmungen kann man von einer gesamtdeutschen Rezeption sprechen. Das enorme kritische Potential Strittmatters, das sich vom *Ole Bienkopp* bis zum dritten Teil des *Wundertäters* finden lässt, wurde in der alten Bundesrepublik insgesamt wenig bemerkt. Diese eingeschränkte Rezeption

---

[27] Wolfgang Emmerich: *Kleine Literaturgeschichte der DDR*. Leipzig 1996, S. 489.
[28] Vgl. Günther Drommer, Erwin Strittmatter: *Des Lebens Spiel*. Berlin 2001, S. 169.

zu Zeiten des Kalten Krieges hängt auch mit den literarischen
Stoffen zusammen, die Strittmatter wählte. Ein westlicher Leser
ist historisch bedingt weniger an Problemen interessiert, die es
beim Übergang zu sozialistischen Produktionsformen auf dem
Lande gab. In der sein Werk abschließenden *Laden*-Trilogie
war die Lage eine andere: Hier gelang es, die eigene Familiengeschichte über mehrere Generationen hinweg so zu erzählen, dass
rückblickend ein ganzes Jahrhundert besichtigt wurde.

V.

Der erste Erwin-Strittmatter-Preisträger, der in Weimar lebende
Lyriker und Prosaist Wulf Kirsten, hat auf eindrucksvolle Weise
seine eigene Beziehung zu Oskar Maria Graf beschrieben.[29] Er
verwies darauf, dass die Stagnation der DDR-Graf-Rezeption in
den späteren Jahrzehnten, auf die bereits Strittmatter in seinem
Brief von 1978 verwies, nicht lediglich mit kulturpolitischer
Engstirnigkeit (die es ausreichend gab) zu erklären sei. Die unterschiedliche künstlerische Qualität der Werke Grafs spielte
bei Entscheidungen in den Verlagen durchaus auch eine Rolle.
Der bereits 1941/42 entstandene Roman *Er nannte sich Banscho* z. B. (für den sich bereits der Rudolstädter Greifenverlag
interessiert hatte)[30] erschien 1964 im Aufbau-Verlag Berlin und
Weimar. Pfanners Bibliographie[31] registriert 20 Reaktionen auf
den Roman, davon 16 überwiegend positive, in der Regel jedoch
nichtssagende Rezensionen in DDR-Tageszeitungen. Von Interesse ist eine Besprechung in der christlichen Tageszeitung *Neue
Zeit*. Der Rezensent A. G. setzt Grafs »Volksbuch im besten Sinne« in Beziehung zum *Ole Bienkopp* (1963), jenem umstrittenen
Roman, mit dem der Autor den Regierenden erstmals den Feh-
dehandschuh hingeworfen hatte. »Dieser Banscho, zugereist in
das bayrische Dorf Engelberg (wie Ole Bienkopp nach Blumen-

---

[29] Vgl. Kirsten: *Leserbrief. Oskar Maria Graf nicht zu vergessen*, S. 30 ff.
[30] Vgl. Ulrich Kaufmann: »... *so habe ich noch nie den Sozialismus aufgefaßt!*« In: *Jahrbuch 1994/95 der Oskar Maria Graf-Gesellschaft*. Hrsg.
von Ulrich Dittmann und Hans Dollinger. München 1995, S. 131 und
S. 138.
[31] Helmut F. Pfanner: *Oskar Maria Graf. Eine kritische Bibliographie*.
Bern und München 1976, S. 560f.

au), revoltiert nach dem Ersten Weltkrieg gegen den Faschismus mit der Verschlagenheit eines bajuwarischen Schweijk.«[32]

Es ist nicht auszuschließen, dass Erwin Strittmatter einen Vorabdruck des *Banscho* kannte.[33] Eine produktive Rezeption dieses Graf-Romans durch Strittmatter ist jedoch – nicht zuletzt aus chronologischen Gründen – unwahrscheinlich.

Trotz der positiven – allerdings auf die DDR beschränkten – Aufnahme war Grafs antifaschistischer Roman (der gewiss nicht die Dichte seiner Werke *Bolwieser*, *Anton Sittinger* und *Unruhe um einen Friedfertigen* aufweist) buchhändlerisch ein Misserfolg. Dies hat weitere Pläne mit Graf-Texten in den folgenden Jahren erschwert, da kommerzielle Gesichtspunkte auch für den DDR-Buchhandel nicht ganz unerheblich waren.

Ein Nachdenken über die Beziehungen zwischen Graf und Strittmatter hat gezeigt, dass dabei gerade jene Werke Grafs in den Fokus rücken, die im Westteil Deutschlands am wenigsten rezipiert wurden: die Nachkriegssammlung autobiografischer Erzählungen *Mitmenschen* (1950), die eine glänzende Studie über den wortkargen und arbeitsamen Bäckergesellen Joseph Gugger enthält, sowie der erst 1964 erschienene Exilroman *Er nannte sich Banscho*.

Bei der Rezeption der Werke Grafs und Strittmatters in der »alten« Bundesrepublik in den fünfziger und sechziger Jahren lassen sich durchaus Parallelen erkennen. Die verzögerte Aufnahme der exilierten Autoren im Allgemeinen und die des »Gefühlssozialisten« und eher traditionell erzählenden Schriftstellers Oskar Maria Graf im Besonderen ist schon vielfach konstatiert worden. Ähnliche politische und ästhetische Einwände wurden gegen Strittmatter geltend gemacht. Man sah ihn als »Kleineleutedichter«, als Autor, der vornehmlich das Leben auf dem Lande schilderte. Möglicherweise hat der Brecht-Schüler Strittmatter indirekt auch die Folgen des Brecht-Boykotts zu Zeiten des Kalten Krieges zu spüren bekommen.

---

[32] Vgl. Kaufmann: »... *so habe ich noch nie den Sozialismus aufgefaßt!*«, S. 138.
[33] Ebd., S. 139

In der DDR war dies gänzlich anders: Aus dem Begriffspaar »Volkstümlichkeit und Realismus«, mit dem Brecht 1938 einen Aufsatz überschrieb, machten DDR-Kulturpolitiker so etwas wie Schlagwörter. In diese Rubrik schienen Strittmatters Bemühungen zunächst zu passen. Jedoch spürten die Leser in der DDR spätestens seit dem Roman *Ole Bienkopp* (1963), dass sich Strittmatters Blick auf die Realität entschieden von den Wunschvorstellungen unterschied, welche die SED-Führung propagierte. Auch diese Differenz war es, die zu Strittmatters Popularität im Osten Deutschlands führte und die ihm ein Millionenpublikum bescherte.

Die Werke Erwin Strittmatters sind in vierzig Sprachen übersetzt worden. Eine Übertragung ins Westdeutsche – so hat es Eva Strittmatter mündlich überliefert – stehe noch aus.

Hans Dollinger
Der Pflege seines Werkes verpflichtet
Erinnerungen an die Zeit vor und nach der Gründung der Oskar Maria Graf-Gesellschaft

Es war im Orwell-Jahr 1984, als das damals noch sehr virulente literarische München im neu gebauten Kulturtempel Gasteig, hoch über der Isar, vom 7. bis 22. Juli die Geburtstage zweier großer bayrischer Dichter feierte – den 100. von Lion Feuchtwanger und den 90. von Oskar Maria Graf. Bei den unter der Regie des Kulturreferats der Stadt München stattfindenden Veranstaltungen – Lesungen, Vorträgen und Diskussionen – im Juli 1984 im Gasteig, den der Urmünchner August Kühn als »Kulturvollzugsanstalt« schmähte, wurde bereits über die Gründung einer literarischen Gesellschaft für Oskar Maria Graf gesprochen. Noch weitere acht Jahre dauerte es, bis diese aus der Taufe gehoben wurde.

Im Gasteig hing 1984 überlebensgroß über der Rolltreppe zur Galerie das von Felicitas Timpe stammende Porträtfoto von Graf, aufgenommen 1958 bei dessen erstem Besuch in München: Graf mit Janker und Trachtenhut. Auf der Galerie hatte der Schreiber dieser Zeilen als Betreuer der 18-bändigen Graf-Edition in Einzelbänden im Süddeutschen Verlag eine Ausstellung »Bücher, Bilder und Dokumente« zu Leben und Werk Grafs aufgebaut. Diese Ausstellung ist im August 1977 in der Bayerischen Staatsbibliothek München gestartet und von mir von 1978 bis 1988 an 32 Stationen (Universitäten und Bibliotheken) im deutschsprachigen Raum von Bremen bis Basel und von Düsseldorf bis Klagenfurt und Wien begleitet worden – in der Bahn mit den Ausstellungsexponaten in großformatigen Grafikmappen und mehreren Taschen. Die Ausstellung zeichnete den Lebensweg und die Schaffensperioden Grafs vom selbst ernannten »bayrischen Provinzschriftsteller« zu »einem der bedeutendsten deutschen Schriftsteller des 20. Jahrhunderts« (Carl Zuckmayer) nach und veranschaulichte seine Wirkungsgeschichte bis in die Literatur der Gegenwart. Im Rahmen dieser Ausstellung wurde auch erstmals Grafs Schreibtisch aus seiner New Yorker Wohnung gezeigt, eine Stiftung von der aus New York angereisten Witwe Grafs, Dr. Gisela Graf-Blauner. Dieser Schreibtisch steht heute mit der Rekonstruktion seiner Arbeitsecke aus der New Yorker Hillside Avenue in einer ständigen Ausstellung im Münchner Stadtmuseum.

Drei nach Grafs Romanen 1977 und 1978 gedrehte Filme: »Bolwieser« (Regie: R. W. Fassbinder), »Anton Sittinger« (Regie: Rainer Wolffhardt) und »Der harte Handel« (Regie: Ulrich Edel), wurden im Juli 1984 im Gasteig gezeigt. Die Festansprache zu Beginn der Veranstaltungen hielt der aus London kommende Lyriker Erich Fried. Vorträge zum Werk Grafs hielten die Professoren Günther Häntzschel, Gerhard Bauer, Helmut F. Pfanner und Sheila Johnson sowie die Doktoren Georg Bollenbeck, Helmut Hanko, Wilfried F. Schoeller und die Herren Boris Heczko und Rolf Recknagel. Am 22. Juli 1984 fand im Bibliotheksfoyer des Gasteigs ein Kolloquium mit Publikum statt, an dem sich beteiligten: Wolfgang Düver, Professor Feilchenfeldt, August Kühn, Hans-Reinhard Müller, Dr. Sigrid Schneider, Dr. Wilfried Schoeller und Bernhard Setzwein. Die Moderation hatte unser bis heute amtierender Vorsitzender der Oskar Maria Graf-Gesellschaft, Dr. Ulrich Dittmann. Aus dem Werk Grafs lasen 1984 die heute noch unvergessenen Interpreten Hans-Reinhard Müller und Jörg Hube.

Schon vor den Veranstaltungen zum 90. Geburtstag Grafs war der Nachlass des Autors bei der Bayerischen Staatsbibliothek in den Händen von Frau Dr. Moisy, die auch für die Zusammenstellung der ersten Ausstellung über Graf in der Staatsbibliothek 1977 verantwortlich zeichnete. Ein weiterer Teilnachlass liegt noch in der »Monacensia«, dem Literaturarchiv der Münchner Stadtbibliothek. Während der Vorbereitungen für ein großes Programm der Stadt München anlässlich des 100. Geburtstags von Graf im Jahr 1994 wurde schließlich am 22. September 1992 in den Räumen der »Monacensia« die »Oskar Maria Graf-Gesellschaft e.V.« gegründet. Ihrer Satzung stimmten an diesem Tag die 33 Frauen und Männer im Saal zu, die gleichzeitig alle Mitglieder der neuen Gesellschaft wurden. Von ihnen sind sieben nicht mehr unter uns.

In alphabetischer Reihenfolge waren dies:
Carl Amery †
Dr. Karl Dachs
Dr. Ulrich Dittmann
Hans Dollinger
Dr. Daniel Drascek
Dr. Ernst Emrich
Gabriele Förg
Lorenz Glas
Ricarda Glas
Gert Heidenreich
Jörg Hube †
Siegfried Hummel
Ursula Hummel
Andreas Jurczyk
Dr. Bartholomäus Kellerer
Kristin Kellerer
Reiner Knäusl
Annemarie Koch †
Caroline König
Prof. Dr. Dietz-Rüdiger Moser †
Dr. Hans F. Nöhbauer
Verena Nolte
Edgar Pässler †
Michael Mathias Prechtl †
Wilfried F. Schoeller
Eberhard Spangenberg
Johano Strasser
Gerald Trageiser
Dr. Elisabeth Tworek
Josef Ücker †
Prof. Dr. Reinhard Wittmann
Dr. Reinhard G. Wittmann
Heidi Zimmer

Von Anfang an hat die Stadt München die neue literarische Gesellschaft unterstützt, die sich laut Satzung »verstärkter Rezeption und Pflege des Werkes« sowie der damit »verknüpften Förderung der Forschung« verpflichtete und sich »dem Ausbau und der Erhaltung von Graf-Gedenkstätten wie der Einrichtung eines Graf-Gedenk-Zimmers im Hildebrand-Haus und der Errichtung eines Denkmals« im 1992 erst geplanten Literaturhaus am Salvatorplatz widmen sollte. Der Vorstandsvorsitzende Dr. Dittmann hat »die besondere Schwierigkeit der Pflege von Grafs Werk« darin gesehen, »das zunehmende Interesse an Graf zu fördern, ohne die Widerständigkeit seines Werkes einzuebnen, die zu seinen wichtigsten Qualitäten gehört«.

Der erste Vorstand der Gesellschaft bestand gemäß Satzung aus den sieben Mitgliedern Dr. Dittmann (1. Vorsitzender), Dr. Schoeller (1. Stellvertreter), Verena Nolte (2. Stellvertreter), Lorenz Glas (Schatzmeister), Hans Dollinger (Schriftführer), Dr. Dachs und M. M. Prechtl. Das erste Vorstandstreffen fand am 15. Januar 1993 im Hildebrand-Haus statt, die Tagesordnungspunkte damals wurden beherrscht von Vorschlägen zur Anwerbung neuer Mitglieder, der Bildung eines Kuratoriums (Walter Jens, Marianne Sägebrecht, Hans-Jochen Vogel) und der Beantragung von Ehrenmitgliedschaften für Dr. Gisela Graf und Annemarie Koch, der Tochter von Oskar Maria Graf. Von den ungefähr 200 direkt angeschriebenen Personen, die zur Mitgliedschaft aufgefordert wurden, sind im März 1993 bereits etwa 70 als Mitglieder beigetreten. In den folgenden Jahren, vor allem nach den publikumswirksamen Veranstaltungen vom Juli 1994 bis Januar 1995 zu Grafs 100. Geburtstag, wuchs die Mitgliederzahl auf rund 170 bis 180 an und blieb auf diesem Niveau konstant bis heute.

In Zusammenarbeit mit dem Kulturreferat der Stadt München, dem Münchner Stadtmuseum, dem Filmmuseum, den Kammerspielen, den Städtischen Bibliotheken, der Volkshochschule, der Ludwig-Maximilians-Universität, dem List Verlag und dem Deutschen Taschenbuch Verlag sowie dem Bayerischen Rundfunk startete am 21. Juli 1994, am Vorabend des 100. Geburtstages von Graf, in den Kammerspielen mit der Lesung von Jörg Hube und Gerhard Polt, eingerahmt von der Biermösl-Blosn, eine Serie von Veranstaltungen zu Ehren Grafs in München und Umgebung. Abgeschlossen wurde sie im Dezember 1994 mit einer Lesung von Annemarie Koch im Sitzungssaal des Rathauses Berg, der Heimatgemeinde Oskar Maria Grafs. Im Mittelpunkt der Graf-Ehrung großen Stils stand die von Wilfried F. Schoeller im Stadtmuseum ausgerichtete, viel beachtete Ausstellung, verbunden mit mehreren Vorträgen, u. a. von Prof. Gerhard Bauer (FU Berlin), Rolf Grimminger (Uni Bielefeld) und Friedrich Prinz (LMU München), sowie einer Lesung junger Autoren wie Andreas Neumeister, Bernhard Setzwein und Albert Ostermaier aus Grafs Werk. Im Gasteig wurde Figurentheater der Münchner Puppenspiele über »Graf – Schlaglichter 1918 bis 1933« gespielt und Josef Bierbichlers Film »Triumph der Gerechten« nach Grafs Erzählung aus dem Dreißigjährigen Krieg gezeigt. Das Bayerische Fernsehen wiederholte die Filme nach Romanen von Graf und im Bayerischen Rundfunk, Hörfunk Bayern 2, gab es Hörspiele nach Graf-Texten sowie Lesungen von Jörg Hube, Wolf Euba und Gustl Bayrhammer. Grafs 100. Geburtstag wurde auch in der Buchhandlung Kirchheim, Gauting, im Hildebrand-Haus in München, in der Alten Volksschule in Aufkirchen, im Antiquariat Heinemann in Starnberg und in der Stadtbibliothek Germering gefeiert.

Die Menschen, die Graf in seinen Büchern uns vorführt, sind gezeichnet von den »Wunden, Narben und Einschnürungen, die sie sich an der drückenden Welt holen«, so formulierte sein Biograph Gerhard Bauer. Aber Graf, sagte Bauer weiter, stimmt deshalb kein »Klagelied« an, sondern »es ist die Lust, mit der die Menschen immer wieder die niederdrückenden Situationen angehen«. Dieses Hin und Her zwischen der Lust am Leben und dem Gefangensein in »der Bösartigkeit seiner Zeit« kennzeichnet nicht nur Grafs Leben und Werk, sondern auch unser Leben in der Welt von heute. Deshalb ist sein Werk so wichtig für die Leser von heute, vor allem für junge Leser. Uns Zeitgenossen des 21. Jahrhunderts muss die Mahnung Thomas Manns ständig gegenwärtig bleiben, wonach das »wirkliche Bayern sich dankbar erweisen möge für das Gute, das Graf zu seiner Ehre hervorgebracht hat«, denn Bayern »hat keinen echteren in der vom Schicksal erzwungenen Ferne, keinen treueren Sohn«.

Helmut F. Pfanner:
In Oskars Bett an der Hillside Avenue
Wie ich zu Oskar Maria Graf kam

Zugegeben: den Namen Oskar Maria Graf hatte ich während meines gesamten Studiums – 1947 bis 1952 an der Lehrer- und Lehrerinnenbildungsanstalt in Feldkirch, Vorarlberg, 1957–58 an der University of Kansas in Lawrence, Kansas, und 1959–64 an der Stanford University in Stanford, Kalifornien – nie gehört. Das kann heute nur jemanden in Erstaunen versetzen, der vergisst, dass die meisten der aus dem Dritten Reich geflüchteten AutorInnen lange nach dem Ende des Naziregimes in ihren ehemaligen Heimatländern, sprich Deutschland und Österreich, tabu waren. Mir selber erscheint es eher erstaunlich, dass ich im Herbst 1963 in Unkenntnis des Geburtsortes von Graf an den Starnberger See reiste und in unmittelbarer Nachbarschaft von Grafs Geburtsort Berg, nämlich in Oberallmannshausen, den berüchtigten Nazi-Autor Hanns Johst interviewte, ohne auf Graf aufmerksam geworden zu sein. Jener Tag ist mir ohnehin unvergesslich in meinem Gedächtnis verankert geblieben, denn als ich aus der Bahn in München ausstieg, übertrumpften sich die Zeitungsverkäufer gegenseitig mit der Nachricht, dass John F. Kennedy ermordet worden war. Ich war am 22. November 1963 aus Marbach am Neckar angereist, wo ich mit einem Jahresstipendium des Deutschen Akademischen Austauschdienstes über Johst forschte, dessen literarische und weltanschauliche Entwicklung vom Expressionismus zum Nationalsozialismus den Gegenstand meiner Dissertation darstellt (veröffentlicht 1970 im Verlag Mouton & Co. in Den Haag und Paris), wobei mich besonders die politische Rechtsschwenkung des aus dem pazifistischen Expressionismus hervorgegangenen Autors interessierte.

Nach diesem, meinem ersten Besuch am Starnberger See verließ ich die bayerische Hauptstadt mit den später in meine Dissertation eingegangenen Notizen des Interviews mit Johst und mit Gedanken an den mysteriösen Tod des Bayernkönigs Ludwig II.

Ein knappes Jahr später kehrte ich aus Deutschland in die USA zurück, um dort im äußersten Nordwesten des Landes an der University of Washington in Seattle meine erste akademische Stelle anzutreten. Während meiner drei Jahre (1964 bis 1967) in Seattle beendete ich meine Dissertation über Johst und schrieb meine ersten wissenschaftlichen Aufsätze, namentlich einen über den Lyriker und Essayisten Gottfried Benn, der einen ähnlichen – allerdings innerhalb eines Jahres revidierten – politischen Rechtsschwung wie Johst gemacht hatte, und einen anderen über den Schweizer Schriftsteller Max Frisch, der – meiner eigenen Gesinnung entsprechend – sich in einigen Werken (z. B. dem Drama *Andorra*) mit der Aufarbeitung der deutschen und österreichischen – bedingt auch der Schweizer – politischen Vergangenheit auseinandersetzte.

Im dritten Jahr meiner Anstellung am Germanistischen Institut der University of Washington erteilte mir der damalige Abteilungsleiter Willy H. Rey die ehrenvolle Einladung zu einem wissenschaftlichen Vortrag, den ich anschließend vor der Kollegenschaft und der in der damaligen Zeit noch florierenden Studentenschaft im Fach Germanistik gehalten habe. In der Folge dieser Veranstaltung, bei der ich anhand einer Analyse des Gedichts »Valse triste« von Benn das Thema der versuchten Überwindung des Nihilismus in der weltanschaulichen Entwicklung dieses Autors verfolgte (1969 veröffentlicht in »Der Deutschunterricht«), kam mein mich altersmäßig und an akademischer Erfahrung weit übertreffender Kollege Ernst Loeb auf mich zu und erzählte mir von Oskar Maria Graf, der ein paar Jahre zuvor, aber vor meiner Anstellung an der University of Washington, am gleichen Ort aus seinen Werken gelesen hatte. Loeb selbst hatte als sogenannter rassisch Verfolgter in den dreißiger Jahren Deutschland verlassen müssen und hatte anschließend an der Ostküste der USA in Philadelphia eine neue Heimat gefunden. Dort hatte er Graf kennengelernt, als dieser im Zuge einer seiner Vorlesungsreisen, die ihn ja nicht nur entlang der amerikanischen Ostküste, sondern auch in den Mittleren Westen bis nach Detroit, Michigan – wo ihm die Wayne State University im Jahre 1960 die Ehrendoktorwürde verlieh – brachten, aus seinen Werken las.

Kurz und gut: Auf die Anregung meines geschätzten älteren Kollegen hin fing ich an, die Werke Grafs zu lesen, allen voran die Autobiographie *Wir sind Gefangene* und deren Fortsetzung *Gelächter von außen* sowie die wichtigsten Romane. Mein letztes Jahr an der University of Washington war für mich besonders aufregend, weil ich im Zuge der damaligen, zum Teil sicher vom internationalen Wettrüsten zwischen Ost und West profitierenden Hochkonjunktur der Germanistik in den Vereinigten Staaten von mehreren anderen Universitäten des Landes Einladungen zu Vortragsbesuchen und daraus sich ergebende Angebote erhielt. Gegen Ende des akademischen Jahres 1968/69 entschloss ich mich, einem Ruf der University of Virginia zur Anstellung an deren Germanistischem Institut in Charlottesville, Virginia, zu folgen, was meine Übersiedlung im Herbst 1967 aus dem Pazifischen Nordwesten in den amerikanischen Südosten bedingte. Als mein bevorstehender Abgang von der University of Washington unter meinen KollegInnen bekannt wurde, lud Ernst Loeb mich zu einem privaten Gespräch ein, worin er mir in Aussicht stellte, mich mit Grafs Witwe, Gisela Graf, in New York bekannt zu machen, falls ich Interesse hätte, mich mit dem Werk ihres kurz zuvor (am 28. Juni 1967) verstorbenen Gatten zu beschäftigen. Da ich mittlerweile mehrere Werke von Graf mit schnell zunehmendem Interesse gelesen hatte, fiel mir der Entschluss für die Zusage zu dieser mir äußerst interessant erscheinenden Aufgabe leicht.

Es dauerte nicht lange nach meiner Ankunft in Virginia, bis ich mich telefonisch mit Gisela Graf in Verbindung setzte, wobei ich erfuhr, dass sie über mich bereits von Ernst Loeb gehört hatte. Schon bei diesem ersten Gespräch mit ihr erteilte sie mir die Einladung, sie baldmöglichst in New York zu besuchen. Ihrer Einladung folgte ich auch, sobald sich mir ein Termin für den Hin- und Rückflug von Charlottesville nach New York ergab. Dabei erwies sich meine Gastgeberin als eine sehr zuvorkommende und auch hoch gebildete Frau. Schon bald nach meiner Ankunft in ihrer Wohnung in der Hillside Avenue, wo Graf die letzten paar Jahrzehnte seines Lebens verbracht hatte, erteilte sie mir die Erlaubnis zum uneingeschränkten Einblick in die Bibliothek und den Nachlass ihres verstorbenen Gatten; und weil ich ein paar Tage für diesen ersten Besuch bei ihr in New York eingeplant hatte, ging ich gerne auf ihr Angebot ein, im Bett von Oskar Maria Graf, das sich in seinem Arbeitszimmer befand, zu nächtigen. Somit verbrachte ich den Großteil meines Aufenthalts in New York mit der Einsichtnahme in den zum Teil noch unveröffentlichten Nachlass von Graf und bewunderte auch seinen Arbeitsbereich, den ich so vorfand, wie ich ihn schon zuvor in einem seiner Gedichte, das mit »Mein Zimmer« betitelt ist (veröffentlicht in *Altmodische Gedichte eines Dutzendmenschen*), kennengelernt hatte.

Ich verließ Grafs Wohnung und New York mit einem Stapel von Notizen in meinem Koffer und mit Gisela Grafs Zusicherung, dass mir die Türe ihrer Wohnung für die Weiterarbeit am Werk ihres Mannes jederzeit offen stehe. So entstanden in der Folge meine ersten Aufsätze über den Autor, unter anderem ein Artikel über das noch unveröffentlichte Manuskript von Grafs »Russlandreise 1934«, der auf Ernst Loebs Empfehlung hin in der an der University Washington herausgegebenen Zeitschrift *Modern Language Quarterly* (1969) veröffentlicht wurde. Grafs Bericht über seine Reise zum Ersten Kongress Sozialistischer Schriftsteller in Moskau ist danach sowohl in der Deutschen Demokratischen Republik als auch in der Bundesrepublik, mit unterschiedlichen Titeln und von zwei verschiedenen Herausgebern bearbeitet, erschienen. Auch meine erste – nach dem Erscheinen meiner Dissertation – Buchveröffentlichung über Graf stammt aus dieser Anfangsperiode meiner Beschäftigung mit dem Autor; das Buch trägt den Titel *Oskar Maria Graf: Beschreibung eines Volksschriftstellers* (1974); als Mitherausgeber hatte ich den deutschen Germanisten Wolfgang Dietz gewonnen, der sich im Zusammenhang mit der Entstehung seiner Staatsexamensarbeit über Graf (1970 an der Universität Kaiserslautern, ungedruckt) mit mir in Verbindung gesetzt hatte. Der von uns zusammen herausgegebene Sammelband enthält sowohl einige bis dahin unveröffentlichte kürzere Werke von Graf als auch sieben wissenschaftliche Arbeiten über den Autor sowie einen einführenden Aufsatz von Ernst Loeb mit dem Titel »Weltweite Provinz eines Einzelgängers: dem Freund und Genossen Oskar Maria Graf«.